Reflexões sobre o saber histórico

FUNDAÇÃO EDITORA DA UNESP

Presidente do Conselho Curador
Herman Jacobus Cornelis Voorwald

Diretor-Presidente
José Castilho Marques Neto

Editor-Executivo
Jézio Hernani Bomfim Gutierre

Conselho Editorial Acadêmico
Alberto Tsuyoshi Ikeda
Célia Aparecida Ferreira Tolentino
Eda Maria Góes
Elisabeth Criscuolo Urbinati
Ildeberto Muniz de Almeida
Luiz Gonzaga Marchezan
Nilson Ghirardello
Paulo César Corrêa Borges
Sérgio Vicente Motta
Vicente Pleitez

Editores-Assistentes
Anderson Nobara
Henrique Zanardi
Jorge Pereira Filho

Marcia Mansor D'Alessio

Reflexões sobre o saber histórico

Pierre Vilar
Michel Vovelle
Madeleine Rebérioux

3ª reimpressão

Copyright © 1997 by Editora UNESP
Direitos de publicação reservados à:

Fundação Editora da Unesp (FEU)
Praça da Sé, 108
01001-900 – São Paulo – SP
Tel.: (0xx11) 3242-7171
Fax: (0xx11) 3242-7172
www.editoraunesp.com.br
www.livrariaunesp.com.br
feu@editora.unesp.br

Dados Internacionais de Catalogação na Publicação (CIP)
(Câmara Brasileira do Livro, SP, Brasil)

D'Alessio, Marcia Mansor
   Reflexões sobre o saber histórico. Pierre Vilar, Michel Vovelle, Madeleine Rebérioux / Marcia Mansor D'Alessio. – São Paulo: Fundação Editora da UNESP, 1998. – (Prismas)

   ISBN 85-7139-178-5

   1. História – Metodologia 2. História – Pesquisa 3. Historiografia 4. Rebérioux, Madeleine – Entrevistas 5. Vilar, Pierre – Entrevistas 6. Vovelle, Michel – Entrevistas I. Título. II. Série.

98-1031   CDD-907.202

Índices para catálogo sistemático:

1. Entrevistas com historiógrafos 907.202
2. Historiógrafos: Entrevistas 907.202

Editora afiliada:

Para Pierre Vilar

Professor, Orientador, Mestre.

Agradecimentos

A colaboração e generosidade de várias pessoas tornaram possível este trabalho. A elas agradeço com carinho e reconhecimento:

Aos professores Pierre Vilar, Michel Vovelle e Madeleine Rebérioux, que me receberam gentilmente, encantaram-me com o brilhantismo de suas reflexões contribuindo despojadamente com minha vontade de fazê-los revisitar o público brasileiro.

Ao professor José Ribeiro Júnior que incentivou a publicação, sugerindo-me o envio dos originais para apreciação do Conselho da Editora UNESP.

A Marion Aubrée, que discutiu comigo o projeto e tem sido sempre, desde muito, um porto seguro de afeto do outro lado do Atlântico.

A Tullo Vigevani, Sheila Schvarzman e Dorothea Vorgeli Passetti, interlocutores e amigos de todas as horas, que me deram informações importantes sobre suas áreas de pesquisa.

A Vavy Pacheco Borges, que me ajudou em muitas dificuldades e imprevistos, sempre com o carinho que envolve nossa amizade.

A Aparecida Mazon, que cuidou, de forma competente, da digitação e suportou solidariamente minhas aflições quando os impasses apareceram.

A Maria de Lourdes Monaco Janotti, que leu os originais, ajudando-me com ideias, sugestões e com sua decisiva participação afetiva e intelectual em minha vida nos últimos anos.

A Pedro Jacobi, que acompanhou o surgimento da ideia, seguiu toda a trajetória do projeto, lendo o texto, sugerindo reparos na tradução e, acima de tudo, incentivou-me sempre e "torceu" muito por mim.

Sumário

Prefácio
José Ribeiro Júnior 11

Apresentação 13

1 Pierre Vilar *27*

2 Michel Vovelle *83*

3 Madeleine Rebérioux *113*

Prefácio

Marcia Mansor D'Alessio, autora deste livro-entrevista, teve o privilégio de ser orientanda, durante quatro anos, de Pierre Vilar. Sua vivência intelectual em Paris, durante vários anos, proporcionou-lhe não só o seu doutorado, mas também a oportunidade de elaborar uma série de questões, respondidas por três expoentes da historiografia contemporânea: Vilar, Vovelle e Rebérioux.

Sem os preconceitos de "certos novos historiadores" e o ranço dos "historiadores envelhecidos", Marcia elabora problemas fundantes, que são dirigidos aos mestres. As preocupações da autora inserem-se em quadro abrangente: "A segunda metade do século é marcada por uma tensão entre o conforto das respostas racionais e a angústia provocada pela desconfiança em seus postulados, ameaçados pelos sobressaltos da história, caldo cultural ideal para a emergência de novos experimentos existenciais e políticos". A esse quadro formulado com clareza e que considera o irracionalismo nazista e a Segunda Guerra Mundial, Marcia adiciona as novas formas de se fazer História, que levam ao fragmentário e ao efêmero. O desprestígio a que foram levados os paradigmas marxistas – em grande parte dos casos sem a devida reflexão – desdobra-se em investigações históricas quase sempre ausentes de preocupações metodológicas, resultando em caleidoscópicas visões.

A procura de referenciais perdidos instigou a autora a pensar, com excelente bom-senso profissional de historiadora e, afinal, dialogar com a sabedoria de três grandes expoentes da historiografia francesa.

Os autores entrevistados dispensam apresentação, por suas obras. Eles discorrem sobre problemas cruciais da História, tais como *História e representação*, *História e cultura*, *Mídia e história*, *A dimensão psicológica da história*, *Identidade coletiva*, *História política e cidadania, Questão nacional* e *Formas do conhecer histórico*, dimensionando nestas o *marxismo*.

As respostas dos entrevistados refletem não somente sua experiência teórica, mas também suas experiências vividas. Passam-se em revista praticamente os últimos 50 anos de mudanças nos conceitos históricos. A leitura é agradável, pois os historiadores expressam-se sem a preocupação da sofisticação.

Sinto-me feliz pela oportunidade de ler o texto, e muito honrado por prefaciar o resultado do esforço de uma autora amadurecida e realmente preocupada com o debate atual sobre a história e a historiografia.

José Ribeiro Júnior
Professor Titular de História do Brasil
UNESP – Assis
São Paulo, julho de 1997

Apresentação

Este trabalho é a reunião de entrevistas com Pierre Vilar, Michel Vovelle e Madeleine Rebérioux, sobre as transformações ocorridas no campo dos estudos históricos e as inquietações metodológicas delas decorrentes.

O interesse pela reflexão de historiadores franceses deve-se ao papel exercido pela França nas inovações e renovações do campo historiográfico e ao intenso diálogo existente entre historiadores franceses e brasileiros. Pierre Vilar, Michel Vovelle e Madeleine Rebérioux, cujas obras constituem referenciais importantes da produção historiográfica de nosso século, têm grande penetração no Brasil e significativa participação na formação de nossos pesquisadores.

Os anos 90 representam um momento de culminância da perda de paradigmas e busca de reorganização de procedimentos metodológicos que caracterizam a segunda metade do século XX. No entanto, os anos 60 e 70 foram decisivos para a discussão que historiadores vinham travando sobre seu objeto e seu ofício.

A história que, na primeira metade do século XX, abrigou, no interior de seus domínios, críticas, questionamentos, disputas por hegemonia, chega aos anos 70 ostentando um produção tão ousada quanto diversificada e uma importante reflexão acumulada sobre essa produção, seus condicionantes e suas perspectivas. Fica nítido o impulso de reordenar fronteiras desorganizadas pelo alargamento do campo historiográfico, movimento interno revelador da busca de reconstrução de uma identidade ameaçada.

Uma das melhores expressões dessa efervescência transgressora – por ultrapassar fronteiras – e vanguardista – por anunciar o novo é a obra *Faire de l'histoire*, publicada na França, em 1974, sob a direção de J. Le Goff e P. Nora. Já na Apresentação, os autores anunciam uma desconstrução criadora quando dizem: "no momento atual, o domínio da história não encontra limites". De outro modo, o projeto cunha uma expressão que marcou o vocabulário dos historiadores, "história nova", que, mencionada pelos organizadores, faz o texto aproximar-se de um manifesto:

> Obra coletiva e diversificada, pretende, no entanto, ilustrar e promover um novo tipo de história.

Ou, ainda:

> existe igualmente uma história *nova*: a que desejamos apresentar aqui.[1]

O empreendimento é ambicioso, porém à altura do que o momento historiográfico exigia: de um lado, décadas de críticas, feitas sobretudo pelo grupo dos *Annales*, tanto às filosofias da história quanto ao "positivismo", ambos, lugares seguros de balizamentos, referenciais e certezas, as primeiras por trabalharem muito com teleologias e pouco com as intempéries da história e o segundo, por acreditar cegamente na ciência como único referencial de verdade; de outro lado, o esgotamento dessas críticas e as constantes renovações da proposta inicial que deslocou a hegemonia positivista. É importante ressaltar que renovações convivem com permanências, tanto que a chamada "história nova",

---

[1] LE GOFF, J., NORA, P. *Faire de l'histoire. Nouveaux problème*, v.1; *Nouvelles Approches*, v.2; *Nouveaux objects*, v.3. Paris: Gallimard, 1974. [Ed. bras. *História. Novos Problemas*, v.1; *Novas abordagens*, v.2; *Novos objetos*, v.3. Rio de Janeiro: Francisco Alves, 1979, p.11-2. Grifo nosso].

como mostram G. Bourdé e H. Martin,[2] é a herança mais direta e bem-sucedida da primeira e segunda gerações dos *Annales*.

Se acreditarmos na relação entre história, experiência vivida e historiografia, como elaboração intelectual sobre essa experiência, podemos aceitar o argumento de que as metamorfoses pelas quais passa a historiografia não se devem apenas a seu movimento interno, mas são ditadas, também, pela própria história. Parece ser consenso entre pensadores das mais diferentes áreas que a tragédia nazista e a Segunda Guerra Mundial são fatos definitivos na construção do sentimento coletivo de desencanto com a história, com a humanidade e, sobretudo, com o projeto iluminista. O irracionalismo, a partir do qual emergiram aqueles fatos, destruiu certezas e desorganizou referenciais estabelecidos. A segunda metade do século é marcada por uma tensão entre o conforto das respostas racionais e a angústia provocada pela desconfiança em seus postulados, ameaçados pelos sobressaltos da história, caldo cultural ideal para a emergência de novos experimentos existenciais e políticos.

A agitação intelectual dos anos 70, no campo da historiografia, é fruto também do desconforto provocado pelas práticas políticas do mundo socialista, cujos vícios e impasses colocaram em discussão a mais bem-sucedida teoria global da história, o marxismo, que marca profundamente o mundo intelectual francês desde a primeira metade do século. No campo dos estudos históricos, é nítida a influência da reflexão marxiana, mesmo em territórios não filiados a essa proposta, como o grupo dos *Annales*. São inúmeros os estudos que mostram a aproximação entre o marxismo e as metamorfoses da historiografia francesa a partir da ruptura com a escola chamada positivista. Porém, os sinais mais nítidos dessa aproximação estão nas próprias obras produzidas pelos *Annales*: a hegemonia da abordagem econômico-social na primeira e segunda gerações, a busca insistente da história total, a explicação estrutural como condição indispensável à exploração de qualquer objeto de investigação. Essas posturas e esses procedimentos metodológicos não podem ser desvinculados da

---
2 BOURDÉ, G., MARTIN, H. *Les écoles historiques*. Paris: Seuil, 1983.

atmosfera marxiana que impregnava, direta ou indiretamente, a formação dos intelectuais franceses.[3] Entretanto, apesar de seu alcance, o pensamento de Marx, mesmo nos anos de maior prestígio, foi questionado, revelando descontentamentos, como já foi dito, mas também indicando momentos de fragilidade do socialismo na correlação de forças internacionais, tanto no plano das lutas políticas quanto no plano das visões de mundo que as orientavam. Perry Anderson, em seu estudo sobre a chamada crise do marxismo, mostra o desencanto das esquerdas diante da derrota das propostas alternativas ao stalinismo e a consequência dessa situação histórica para o marxismo enquanto projeto de conhecimento. Diz o autor:

> Essas derrotas acumuladas (dos Partidos Comunistas: italiano, francês, português e espanhol) foram um golpe desmoralizante para todos aqueles que esperavam um novo despertar do movimento operário europeu, ao término da velha ordem no Sul. Foi aqui que a chamada "crise do marxismo" teve sua origem e significado. Seus determinantes reais pouco tinham a ver com suas questões abordadas explicitamente. O que a detonou foi basicamente uma dupla decepção: primeiro com a alternativa chinesa, e a seguir com a alternativa da Europa Ocidental à principal experiência pós-revolucionária do século XX até então, a da própria URSS. Cada uma das alternativas se apresentara como solução historicamente nova, capaz de superar os dilemas e evitar os desastres da história soviética: mas cada um dos resultados mostrou-se um retorno aos conhecidos becos

---

3 Sobre o assunto ver: BOFFA, M. Entrevista con Fernand Braudel. *La Jornada Semanal* (México, D. F.) 1992; BOIS, G. Marxisme et histoire nouvelle. In: LE GOFF, J., CHARTIER, R., REVEL, J. *La nouvelle histoire*. Paris: Retz, 1978; BOURDÉ, G., MARTIN, H. *Les écoles historiques*. Paris: Éditions du Seuil, 1983; BOUTIER, J., JULIA, D. (Org.) *Passés recomposés. Champs et chantiers de l'histoire*. Paris: Autrement, 1995, p.336; BOUVIER, J. Tendences actuelles des recherches d'histoire économique et sociale en France. In: VV. AA. *Aujourd'hui l'histoire*. Paris: Éditions Sociales, 1974; BRAUDEL, F. Marx: Derivaciones a partir de una obra ineludible. *La Jornada Semanal* (México, D. F.), 1992; BURKE, P. *A Escola dos Annales. 1929-1989. A Revolução Francesa da historiografia*. São Paulo: Editora UNESP, 1991; DOSSE, F. *A história em migalhas. Dos Annales à Nova História*. São Paulo: Ensaio, 1992; LE GOFF, J. L'histoire nouvelle. In: LE GOFF, J., CHARTIER, R., REVEL, J. *La nouvelle histoire*. Paris: Retz, 1978; MOTA, C. G. (Org.) *Lucien Febvre*. São Paulo: Ática, 1978.

sem saída. O maoísmo pareceu desembocar em pouco mais que um truculento kruschevismo oriental. O eurocomunismo deslizou para algo cada vez mais semelhante a uma versão de segunda categoria da social-democracia ocidental, acanhado e subalterno na sua relação com a principal tradição descendente da Segunda Internacional.[4]

A derrota do comunismo, nos anos 90, deslocou o marxismo do lugar privilegiado que ocupara. Por ter elaborado uma síntese da história da humanidade das mais coerentes, acompanhada de conceitos operatórios extremamente eficientes, a ausência de Marx priva os cientistas sociais de um referencial importante na construção do conhecimento, situação que vem aprofundar as incertezas metodológicas mencionadas.

Um lugar possível para a busca de referenciais perdidos é a discussão epistemológica, em que se procura recolocar papéis e redefinir campos.

Foram essas as motivações que nos levaram a entrevistar Pierre Vilar, Michel Vovelle e Madeleine Rebérioux.

Pierre Vilar é um representante típico da clássica historiografia francesa. Sua história de vida acompanha a história do século XX, sua obra é a expressão das revoluções pelas quais passou a produção historiográfica contemporânea, seu método revela a influência das principais matrizes teóricas e tendências historiográficas de nossa época. O respeito às fontes e a eleição da história como referencial de verdade colocam Vilar na herança da luta dos historiadores da Escola Metódica contra as generalizações abstratas das filosofias da história. Em importante texto sobre a questão nacional, publicado em 1982, critica as reflexões de N. Poulantzas, nos seguintes termos: "Trinta e duas páginas dedicadas à Nação e ao Estado sem citar um só estado, uma só nação, talvez seja uma façanha teórica. De minha parte, prefiro um marxismo fundado sobre realidades históricas".[5] Com a mesma preocupação metodológica,

---

4 ANDERSON, P. *A crise da crise do marxismo*. Introdução a um debate contemporâneo. São Paulo: Brasiliense, 1984. p.88
5 VILAR, P. Reflexiones sobre los fundamentos de las estructuras nacionales. In: _____. *Hidalgos, amotinados y guerrilleros*. Barcelona: Crítica, 1982.

escreveu, nos anos 70: "Jamais alguém se torna marxista lendo Marx; ou pelo menos, apenas o lendo; mas olhando em volta de si, seguindo o andamento dos debates, observando a realidade e julgando-a criticamente. É assim também que alguém se torna historiador. E foi assim que Marx se tornou".[6]

Os rumos da historiografia francesa pós-período de hegemonia da Escola Metódica atestam a contribuição de seus membros ao conhecimento histórico. Basta observamos a incorporação ao patrimônio histórico de procedimentos relativos às fontes e às mudanças no conceito de história daí decorrentes. No entanto, esse mesmo corpo de ideias foi o ponto de partida para a revolução desencadeada pelo grupo da revista dos *Annales*, fórum de onde partiram as críticas que, mais uma vez, reelaboraram o fazer histórico. Um dos pontos nevrálgicos da polêmica foi a temporalidade na qual trabalhava a história tradicional, qual seja, o "tempo curto", o evento efêmero que não dá conta da complexidade da trama histórica nas infinitas possibilidades de arranjos de suas instâncias. O discurso historiográfico daí decorrente – a descrição de eventos – é visto como uma justaposição de fatos; a ausência de um problema condutor da investigação limita o olhar histórico apenas àquilo que é explícito. Abalado esse pilar, o edifício bem construído desorganizou-se, e os historiadores criaram novas propostas metodológicas e revisitaram campos de investigação só possíveis de serem trabalhados a partir de uma nova concepção de tempo. F. Braudel sistematizou esses questionamentos ao propor a dialética da duração, ou seja, um entrelaçamento dinâmico entre os tempos curto, médio e longo, privilegiando a longa duração. Todas essas elaborações levam à noção de totalidade, talvez um dos pressupostos mais definidores do grupo dos *Annales*.

Pierre Vilar foi partícipe dessas transformações dos estudos históricos e é um defensor – e praticante – incisivo da história total. No entanto, a totalidade de Vilar se diferencia, à medida que incorpora a teoria marxiana da história.

---

6 VILAR, P. Marx e a história. In: HOBSBAWM, E. J. *História do marxismo*, v.1. São Paulo: Paz e Terra, 1980. p.97.

Para o autor, a crítica de Marx à historiografia tradicional não se deve ao seu caráter factual, mas à fragmentação resultante de uma visão estanque das múltiplas dimensões do real. Porém, para fugir dessa espécie de esfacelamento, não basta inter-relacionar as instâncias. Há que se considerar o princípio marxiano segundo o qual o que há de concreto na vivência humana é a produção material da vida, fato originário, condição fundamental de toda a história. Portanto, a totalidade marxiana se constrói a partir desse princípio fundante, lugar de onde é possível estabelecer as interdependências entre instâncias que são ativas, vivas, dinâmicas. Assim, a constatação de que a experiência coletiva dos homens tem infinitas possibilidades de manifestação não conduz o conhecimento, necessariamente, à justaposição de fatores estanques, já que é possível estabelecer a articulação dinâmica entre eles. No entanto, o movimento ininterrupto dos fatores não destitui a produção da vida material de seu estatuto de lugar de produção da história.

Pierre Vilar realiza o encontro do marxismo com os *Annales*. Tendo absorvido as principais contribuições intelectuais contemporâneas, reelaborou-as com originalidade. Mestre de vários historiadores de seu tempo e de gerações subsequentes à sua, é um dos intelectuais que definem a historiografia francesa do século XX.

Michel Vovelle é um dos mais importantes expoentes da história das mentalidades, campo de investigação mais precisamente delimitado a partir da formulação, pelo grupo dos *Annales*, da ideia de "tempo longo", metamorfose interna da historiografia que surpreendeu pela radicalidade com que questionou a temporalidade do evento, revolucionando a forma de pensar a história. A "longa duração" possibilitou a percepção das permanências e a construção da noção de mentalidade.

Em sua obra *Ideologias e mentalidades*,[7] Vovelle fornece elementos para a compreensão do significado que atribui a essas palavras. No confronto dos dois termos, mentalidade aparece como um pensar mais empírico, espontâneo, voluntarioso, "não formulado",

---

7   VOVELLE, M. *Ideologias e mentalidades*. São Paulo: Brasiliense, 1987.

em contraposição à ideologia, marcada por uma maior sistematização e ordenamento de valores e crenças. A mentalidade é menos ágil que a ideologia, é tecida em um tempo arrastado, alargando, assim, a durabilidade e o efeito do passado nos grupos humanos. Ao acumular "restos" de experiências de várias gerações, constrói um viver coletivo que ultrapassa o tempo das vidas individuais, o que a torna um terreno favorável ao armazenamento de memórias e matéria-prima para a construção de identidades. "Abrindo o armário da vovó, ali se encontra o essencial."[8]

Ao situar o campo das mentalidades na história da historiografia, Michel Vovelle exibe a trajetória: os historiadores passaram das estruturas sociais às representações; ao fazê-lo, depararam com mediações entre vida real e representações construídas sobre ela. Nessas mediações encontram-se as mentalidades: lugares obscuros da história, subterrâneos dos grupos sociais, zonas pré-conceituais das ações humanas em que se constroem as "sensibilidades coletivas", expressão estruturante na reflexão do autor. A noção de sensibilidade remete à dimensão psicológica, e a ideia de fato coletivo reafirma sua filiação à sociologia clássica.

Psicologia das grandes massas, eis o campo em que emergem os fenômenos de longa duração, temporalidade na qual o historiador das mentalidades constrói seus objetos de investigação. No entanto, esse tempo longo é captado na sua inter-relação com o seu oposto, o tempo curto, nervoso, ágil, tempo da ruptura, da descontinuidade, e tempo em que se localizam as ações políticas, aquelas que organizam o cotidiano da vida coletiva.

Em seus estudos – sobretudo aqueles referentes à Revolução Francesa, em que observa as lutas políticas imediatas e as sensibilidades coletivas seculares – essa dialética resulta em um mosaico contraditório na sua composição, quase um caleidoscópio nas ágeis e infinitas possibilidades de combinação de seus elementos. O resultado é a emergência do fato histórico em toda a sua complexidade, anteriormente minimizada por reconstruções globalizantes, negligentes das sutilezas da aventura humana. Esse mosaico calei-

---

8 Ibidem.

doscópico trazendo à tona tempos, culturas, memórias, mentalidades, numa coexistência simultânea e mutante, fabrica a trama ou, em outras palavras, realiza a totalidade histórica.

A obra de Michel Vovelle é, pelo conteúdo e pela metodologia, referência necessária para quem trabalha no universo da nova história e para quem se interessa pela história do conhecimento histórico, já que compõe um momento fundante nas transformações historiográficas contemporâneas.

Madeleine Rebérioux pertence a uma geração e a um grupo de historiadores franceses que mergulhou profundamente nas investigações sobre a classe operária, revisitando criticamente os estudos anteriormente realizados e imprimindo-lhes perspectivas diferentes daquelas estabelecidas apenas pelo discurso construído na prática da militância. Campo de reflexão e forma de abordagem comuns criaram um lugar de identificação desses historiadores que, há décadas, mantêm interesses convergentes e uma interlocução que resulta em produção historiográfica rica e abundante.

Os objetos de investigação da autora situam-se na dimensão política da história: república, movimentos revolucionários, as Internacionais, Primeira Guerra Mundial, socialismo, lideranças socialistas (principalmente Jean Jaurès), extrema-direita, racismo. Sua visão do político contempla, além das lutas imediatas, o simbólico, o cultural, o cotidiano de classes e grupos populares. Seus textos sobre temas ligados à memória revelam as infinitas possibilidades de abordagem das questões políticas.

Em artigo que integra a obra organizada por Pierre Nora, *Les lieux de mémoire* (1994),[9] M. Rebérioux analisa o Muro dos Federados, que fica no cemitério Père Lachaise e onde foram mortos os combatentes da Comuna de Paris (1871) em seu último enfrentamento com as forças da repressão. Esse estudo revela como sujeitos sociais resgatam um fato esquecido – o massacre

---

9 REBÉRIOUX, M. Le Mur des Fédérés. In: NORA, P. *Les lieux de mémoire*. La République, v.1. Paris: Gallimard, 1984.

dos revolucionários – por meio da construção de uma memória em relação a um lugar, o Muro dos Federados; e como um lugar de memória torna-se lugar de disputas e arranjos políticos. Seja como fator de coesão de grupos em conflito, seja como lugar de enfrentamento de facções adversárias, a memória pode tornar-se elemento constitutivo de lutas políticas do presente. Do ponto de vista metodológico, é importante perceber seu papel no encaminhamento dos conflitos, na reorganização da correlação de forças, enfim, na instituição de fatos históricos.

A incorporação da dimensão cultural nas questões políticas fica muito explícita quando a autora, no mesmo artigo, analisa os poemas de Eugène Pottier sobre o Muro dos Federados (*"c'est lui, finalement, qui intègre le mur à l'histoire"*), ou as canções revolucionárias da época, revelando sua densidade política e sua capacidade de mobilização.

O lazer dos trabalhadores compõe, também, o universo temático explorado por M. Rebérioux. Em estudo intitulado "Os lugares da memória operária",[10] percorre o cotidiano dos operários nos cafés, observando o processo de construção da fraternidade e solidariedade, práticas em que prazer e política podem encontrar-se.

No âmbito do simbólico, suas reflexões contemplam as emoções que emergem de práticas políticas heroicas num tempo em que as utopias faziam história e o passado relembrado iluminava o futuro dos povos: "o Muro, por sua verticalidade, relembrava que aqueles homens haviam morrido em pé".[11]

Análise cultural que trabalha com sensibilidades na configuração/explicação de um fato político.

O procedimento utilizado nas entrevistas foi o de ouvir os historiadores sobre problemáticas formuladas pela entrevistadora, sem interferência no desenvolvimento da reflexão dos entrevistados.

---

10 REBÉRIOUX, M. Os lugares da memória operária. In: *O direito à memória*. São Paulo: Patrimônio Histórico e Cidadania, Departamento do Patrimônio Histórico, 1992.
11 Ibidem, p.55.

As entrevistas foram feitas em dois momentos: 1992 e 1995, o que está explicitado no final de cada questão.

Questões propostas aos entrevistados

História e representação

A palavra *representação* tem estado muito presente no vocabulário dos estudos históricos desde a última década. Há os que argumentam ser a representação o único interesse do historiador, já que a história é registrada a partir de interpretações, sendo ela própria, portanto, uma representação. O que seria *representação* na experiência coletiva dos homens?

Como pode ser vista a questão do real em relação à representação, da historiografia em relação à história, em suma, como abordar hoje a questão da verdade/objetividade, uma vez que a aceitação da diversidade multiplica os pontos de vista, e as interpretações não têm necessariamente na história seu referencial?

História e cultura

Existe hoje uma profusão de estudos históricos dirigidos a questões culturais. São inúmeras as razões que levaram a historiografia a privilegiá-las, mas não se pode deixar de sublinhar a influência da antropologia e da etnologia no campo da história, e o consequente aprofundamento das ideias de pluralidade e diferenças, o que, do ponto de vista do conhecimento, pode significar um relativismo sem limites.

Qual a possibilidade de convivência de um conhecimento histórico baseado na relação referência teórica/evidência empírica com o relativismo? Mais precisamente, qual a possibilidade de construção de referências teóricas ou conceitos – úteis aos estudos históricos – em um contexto historiográfico no qual predomina o relativismo?

De outro modo, não muito longe dessa ordem de problemática, há as questões do acaso e do imprevisível, que também têm adquirido prestígio na reflexão histórica. Evidentemente, trata-se de conquista teórica importante, à medida que libera a história de esquemas rígidos e aprioristicos. No entanto, coloca uma série de indagações que merecem ser discutidas. Assim, se o imprevisível é considerado importante como elemento constitutivo do viver coletivo, é possível pensar a história-objeto como portadora de uma lógica? Se a história-objeto não tem lógica, é possível ao conhecimento histórico continuar a trabalhar com conceitos? De outro modo, se há uma lógica na história, qual o lugar de sua constituição?

Mídia e história

Considerando-se o peso do presente sobre a história vivida, em razão, sobretudo, do papel da mídia na vida cotidiana, enfatizando o tempo imediato, qual seria a função do historiador na sociedade contemporânea?

Pode-se dizer que existe, atualmente, uma disponibilidade coletiva para o esquecimento do passado ou uma ameaça de ruptura na relação passado-presente?

O que significaria, para as sociedades, negligenciar o passado ou, no limite, esquecê-lo?

A dimensão psicológica da história

Apesar da interdisciplinaridade constituir uma proposta e uma prática antigas nas ciências humanas, a história e a psicologia têm tido dificuldades em se tornarem parceiras. No entanto, no âmbito dos estudos históricos, tem-se falado muito em subjetividades, emoções, afetividades, sentimentos.

Qual seria o papel do fator psicológico na experiência coletiva dos homens?

Se é um fator importante para a história, qual o lugar de construção da psicologia coletiva: o fato, as estruturas?

Estudar o fator psicológico é estudar mentalidade?

Identidade coletiva e história

No século XX, até os anos 60, o Estado-nação e a utopia socialista, embora antinômicos, podem ser vistos como grandes referenciais identitários, norteando posturas e definindo políticas de grupos, povos e governos.

A internacionalização da economia e uma tendência à uniformização da cultura, de um lado, e a queda dos Estados comunistas que sustentavam o desejo de socialismo nos países que não o tinham atingido, de outro, parecem ter conduzido à reorganização de referenciais e à busca de identidades em experiências mais íntimas e próximas de interesses imediatos, tais como interesses de gêneros, étnicos, homossexuais etc.

A identidade coletiva é uma questão importante na configuração/emergência de fatos históricos?

Como se constrói, historicamente, o fenômeno identitário?

Existe uma relação entre fenômenos de longa duração e identidades?

O retorno da história política

Como pode ser visto o que se tem chamado de "o retorno da história política"?

Há, hoje, na França, um abandono da questão econômica nos estudos históricos?

Existe uma relação entre o estudo da história política e a prática de cidadania?

Questão nacional

Como pode ser visto o fato nacional, hoje?

Como analisar a aparente contradição entre a tendência das nações hegemônicas de formarem grandes blocos e os conflitos de grupos/povos, como os que se manifestam hoje em várias regiões e países, de que o exemplo mais marcante é o da ex-Iugoslávia?

Diante da formação de grandes blocos, os Estados-nacionais tendem a se tornar realidades menos importantes do ponto de vista político?

Qual o papel das diferenças culturais entre povos em um momento em que o mercado internacionaliza objetos e valores, aprofundando a tendência à uniformização?

Formas do conhecer histórico

Entre a história "positivista" do fim do século XIX e a história que é feita hoje há, como sabemos, uma grande distância. Dentre as transformações sofridas pelas metodologias históricas, uma parece ser muito importante, qual seja, a construção de um novo conceito de *tempo*, atribuído à história-objeto e utilizado pela história-conhecimento. Podem ser citados como exemplos dessa construção a noção marxiana de *estrutura* e a *dialética da duração* braudeliana.

Como pode ser vista essa transformação? Que fatores históricos a teriam provocado?

Quais seriam, em nosso século, as principais referências teórico-metodológicas que informam os estudos históricos?

Após todos os acontecimentos que transformaram a história na última década, qual é hoje o papel do marxismo no conhecimento histórico?

1 Pierre Vilar

História e representação

Você sabe que, já há alguns anos, venho tendo muita dificuldade para ler, e nos últimos meses perdi completamente a possibilidade da leitura.[1] Em razão disso, tenho a sensação de estar completamente defasado em relação ao que se publica. É provável, então, que não responda muito bem às suas questões. Você me dirá, e teremos assim uma boa ocasião de retomar um debate entre nós. Não obstante, vou tentar responder o que penso estar colocado em sua primeira problemática. Trata-se de uma questão que me interessa muito. No tempo em que o estruturalismo era uma das noções que mais nos preocupava, dediquei vários seminários à discussão de seus princípios. Compreendo sua questão, portanto, da seguinte maneira: deve-se creditar uma certa importância, quem sabe uma importância essencial ou mesmo exclusiva, à maneira como os homens representam a realidade que vivem ou, ao contrário, deve-se privilegiar as realidades que produzem essas representações?

Esta questão, bem antes de ser levantada pelos historiadores contemporâneos, foi colocada pelos etnólogos. Estou pensando,

---

1 Pierre Vilar se refere a problemas que lhe prejudicaram a visão.

sobretudo, nos livros de Marshall Sahlins, grande etnólogo americano que, em vários trabalhos, mostrou a preponderância da representação sobre o real nos estudos das sociedades ditas primitivas. Esta é, *grosso modo*, também, a posição de Claude Lévi-Strauss, o que se denominou seu estruturalismo, um estruturalismo do pensamento, um estruturalismo das representações, muito mais que das realidades materiais. Sabe-se que ele tentou até matematizar a representação dos primitivos que estudou – são os sistemas de parentesco – além de ter encontrado uma espécie de lógica dos mitos. Creio que tudo isso revelou muitas coisas que foram úteis aos historiadores. Eu próprio o reconheci quando discutíamos sobre isso nos anos 50 e 60, e mesmo recentemente, em uma conversa televisiva entre Lévi-Strauss e alguns dos maiores historiadores parisienses, Jacques Le Goff e Jean-Pierre Vernant, os quais manifestaram todo o seu reconhecimento ao pensamento deste antropólogo pela possibilidade de aplicá-lo a sua própria disciplina, ou seja, a História.

Isto posto, temo um vício metodológico nesse sentido, e o próprio Lévi-Strauss nos preveniu contra a aplicação desse estruturalismo das representações à história, já que distinguiu entre o que ele chama de "história fria" e "história quente".

A "história quente" é aquela classicamente reconhecida há cinco ou seis mil anos de história escrita, essa história concebida e, de certa maneira, iniciada pelos gregos: história dos eventos, das transformações reais do poder etc. Nesse caso, seria preciso também congelar, por assim dizer, a análise das representações em detrimento das análises do real, compreendendo aí o real material, a economia, os meios de produção, os modos de vida, as relações entre as classes sociais etc.? Sobre isso, creio que Lévi-Strauss tem razão em estabelecer essa distinção, e quando ele próprio se aventurou – sempre com muitas reservas e precauções – no tempo da "história quente", o fez com uma certa ironia sobre si mesmo. Estou pensando em seu opúsculo sobre o racismo, em algumas de suas intervenções espontâneas no seminário que dirigiu sobre identidade, na última conferência que fez quando se aposentou do Collège de France e na École des Hautes Études. Neste último caso, tentou – é preciso que se diga – com humor lançar algumas hipóteses sobre a estrutura mental da corte de Luís XIV ou dos poderes desse tempo. Ele não levou isso muito a sério, e devo dizer que eu mesmo não fiquei muito satisfeito com a maneira como o fez. Evidentemente, isso não tem nenhuma importância, mas, de qualquer maneira, mostra em que medida as lições da etnologia podem ou não ser aplicadas à história.

Nesse terreno, tenho ainda uma outra recordação, sempre, naturalmente, ligada à nossa École des Hautes Études, que, em princípio, surgiu para reunir as metodologias das diferentes disciplinas que compõem as Ciências Humanas. Há uns 15 anos, nosso colega André Piatier – um economista matemático muito rigoroso sobre a originalidade dessa disciplina, mas aberto a outras abordagens – convidou um economista italiano, cujo nome me escapa, e a mim para ouvirmos Jean-Pierre Vernant explicar que a noção de trabalho, a representação do fato *trabalho* na Grécia era algo completamente mítico, muito incompreensível para nós, e que, consequentemente, devia ser utilizada com muita prudência pelos historiadores atuais. Em suma, o trabalho era visto como uma espécie de mito. Nosso colega italiano brincou dizendo: "sabem, eu tenho um contrato muitíssimo bem remunerado com a Universidade norte--americana. Eu lhes asseguro que este tipo de remuneração e este tipo de trabalho são completamente míticos para a mentalidade americana". Ele estava brincando, bem entendido, mas creio que relativizou bastante a questão.

De minha parte, diria o seguinte: atribuamos uma importância evidente e necessária à maneira como os homens representam as estruturas que os dominam e os fatos que lhes acontecem. Entretanto, depois de ter visto a mitificação ou a mistificação de tais estruturas ou de tais fatos, preservemo-nos bem para não reconstituirmos estas realidades, pois corremos o risco de perder algo que é essencial: como as realidades se transformam e, consequentemente, como a representação que se tem delas pode também – em seu ritmo – transformar-se.

Ainda uma recordação pessoal: você sabe que, em 1937, menos de um ano depois do início da guerra civil na Espanha, a Legião Condor, a legião dos alemães nazistas posta à disposição do general Franco, bombardeou a pequena cidade basca de Guernica, destruindo-a completamente. Este prenúncio daquilo que deveria ocorrer tão tragicamente nos anos seguintes deixou, evidentemente, nos homens que o vivenciaram e naqueles que o viram acontecer, uma lembrança inesquecível. Quando do cinquentenário deste fato, em 1987, fui ver em Guernica como se celebrava esta lembrança e como as pessoas representavam este episódio. Estava lá juntamente com um historiador americano, Southworth,[2] que estudou admiravelmente o fenômeno, e pudemos ver o quanto a lembrança de Guernica estava presente nessa vila destruída, depois reconstruída, e como as pessoas que haviam vivido aquilo no passado viviam-no ainda no presente. De outro modo, aquilo deixou marcas profundas na realidade basca de hoje, uma vez que existem ainda homens armados querendo defender uma determinada visão do povo basco.

Quando voltei a Paris, acatei a sugestão de um de meus colegas de falar sobre esse assunto a alguns alunos que convidaríamos. Durante minha exposição perguntei: "Para vocês, o que é Guernica?" Eles me responderam, rápida e brevemente: "*Guernica* é um quadro!"

Efetivamente, a representação de *Guernica* – no espírito de muita gente que não tem mais o cuidado de saber exatamente de onde isto surgiu – é um quadro de Picasso. Observei, em Paris, a forma como Picasso foi solicitado a dar explicações sobre sua obra e, depois, vi o nome Guernica aparecendo seguidamente na imaginação das pessoas. Guernica tornou-se a representação de um fato preciso. O fato preciso está esquecido, a representação continua. Admito totalmente que isto tenha uma certa importância, mas devemos estar atentos, pois esses jovens, que sabiam que *Guernica* é um quadro de Picasso, não conheciam o fato político que o gerou. Ora, trata-se da primeira manifestação daquilo que foi o grande drama da Europa dos anos 30 e 40.

Conta-se que Picasso, durante a ocupação alemã em Paris, foi interrogado por um oficial alemão, que lhe perguntou: "Foi você que fez *Guernica*?", ao que ele respondeu: "Não, foram vocês!". Não se sabe ao certo se a anedota é exata, mas, de qualquer maneira, ela é muito pertinente. É evidente que há a representação, mas não se pode esquecer o fato. (1992)

---

2 SOUTHWORTH, H. R. *La destrucción de Guernica*. Paris: Ruedo Iberica, 1975.

História e cultura

Sua segunda questão comporta ao menos três aspectos: a questão da antropologia; a questão da grande diversidade da matéria histórica, da variedade das culturas; e, consequentemente, a das histórias e o problema do acaso na história, ou seja, a racionalidade mesma desta matéria a que chamamos história. Na medida do possível, responderei a cada uma delas.

Sobre a noção de antropologia, devo dizer que o termo sempre me inquietou. Na realidade, antropologia significa ciência do homem, ciência no singular e não ciências no plural e, por consequência, parece que o homem poderia ser estudado como um todo, como uma ciência única. É extremamente inquietante. Não creio sequer que isto seja possível, e fiquei muito feliz, nas minhas últimas pesquisas bibliográficas, de reler Durkheim, pois reencontrei-o exatamente com a mesma problemática que eu: há qualquer coisa de inquietante em ver o homem tratado como um todo, como alguma coisa ao mesmo tempo global e única. Isto sugere a ideia de uma natureza humana, no sentido metafísico da palavra, e leva facilmente às fórmulas "o homem bom", "o homem mau", do fim do século XVIII, ou da época da origem divina do homem. Deixo de lado, portanto, este problema da antropologia em si – uma vez que o assunto requer uma maior precisão –, preferindo falar de antropologias.

Existe, antes de tudo, uma antropologia que eu chamaria de física e, ao mesmo tempo, arqueológica, quer dizer, o estudo do homem enquanto espécie. Creio que, neste caso, estamos, verdadeiramente, diante de uma ciência, porém de um tipo de ciência muito particular, que pouca coisa tem a ver com o que muitos chamam hoje de ciências antropológicas, e onde entram a sociologia, a psicanálise etc. Pode existir, efetivamente, uma pesquisa do tipo paleontológico, arqueológico, em que procuramos as origens da humanidade por meio da datação dos restos que encontramos. Ora, estes progressos, em particular estes da datação, têm sido tão grandes que nos encontramos diante de perspectivas totalmente transformadas. É certo que Darwin, há apenas um século e meio, escandalizou muitos espíritos e foi até condenado –

e por vezes ainda continua sendo – por ter sugerido que a espécie humana não passa de uma dentre outras, e que era preciso estudá-la como outra qualquer. Isto foi traduzido de uma forma caricatural, qual seja, a de que o homem descende do macaco, o que provocou tanto ironias quanto brutais condenações. Hoje, sabemos, não que o homem descende dos macacos, mas que existe uma espécie humana, bastante característica em relação a espécies vizinhas, mas que já existia há centenas de milhares de anos antes da história propriamente dita. Estamos falando de cifras que não teriam nem mesmo sido imagináveis há apenas um século. Aí temos, evidentemente, alguma coisa de sólido, alguma coisa de verdadeiramente científico. Mas apresso-me em dizer que, mesmo este conhecimento científico não é isento de risco para as imaginações humanas. Há essa espécie de brincadeira que absorveu a invenção desta "Lucy Africana",[3] que tem centenas de milhares de anos, e que chamam, de bom grado, "a mãe de todos nós". E o homem que descobriu "Lucy" faz conferências em vários lugares. Trata-se de um grande espírito mas, em geral, as pessoas ouvem-no por simples curiosidade. Há outras situações em que estas descobertas propriamente antropológicas sobre as origens e sobre a história longínqua do homem se apoiam nesse tipo de invenção por comodismo ou mesmo para criar outras representações. É o caso, por exemplo, da crença de que os mais antigos vestígios humanos teriam sido descobertos em território europeu, num pequeno vilarejo chamado Toltavel, nos Pireneus Orientais, onde se teriam descoberto, também, os primeiros franceses. Isto é, evidentemente, um absurdo, já que o condado ao qual pertence este vilarejo só foi reincorporado ao Estado francês em 1648, o que é muito recente. Além disso, meus amigos catalães sabem perfeitamente que este vilarejo conhecido como Toltavel chama-se na realidade Taltaull. Toltavel é apenas uma grafia imposta pela cartografia francesa. Do seu lado, então, os catalães colocarão nos seus dicionários: homem de Taltaull, o mais antigo catalão descoberto

---

3 "Lucy Africana" – nome dado ao esqueleto de um pequeno indivíduo do sexo feminino com três milhões de anos, achado na Etiópia pelo arqueólogo Donald Johanson e sua equipe.

no mundo. Coisa tão absurda quanto a outra, pois o nome da Catalunha não se encontra nos textos antes do ano 1100. Vemos, então, a que deformações, produzidas por nossos desejos e hábitos, podem chegar certas descobertas importantes do ponto de vista científico. Eu concordaria mais com o termo "o mais antigo europeu", na medida em que Europa continua sendo hoje um nome de continente, um nome geográfico. Assim, apenas pela maneira de expressar o resultado de uma pesquisa antropológica, descobrimos – e isto confirmaria a noção de representação – nossa própria necessidade de representação das coisas.

Aliás, este assunto me lembra, ainda, uma discussão, que comentei muitas vezes e que se pode dar entre pré-historiadores e historiadores. Eu penso em Américo Castro, homem de letras e historiador espanhol da geração anterior à minha, que declarou inúmeras vezes: "Eu não me interesso pela Pré-História porque me interesso pelo pensamento humano. Portanto, antes da escrita as coisas não me atraem, pois existem apenas vestígios materiais".

Infelizmente – dissemos, um pouco maliciosamente – a linguagem e a escrita foram dadas ao homem a fim de dissimular seu pensamento, e sabemos que os primeiros textos conhecidos são textos dinásticos impostos por um certo poder que quer justificar sua própria existência. Sabemos também que mesmo as batalhas são contadas seja do ponto de vista do vencedor, seja do ponto de vista do vencido, portanto, as testemunhas escritas estão longe de ser as únicas que podem interessar-nos, ainda que se trate de representação das coisas. Um homem como André Leroi-Gourhan, o maior dos pré-historiadores franceses – que já morreu há alguns anos – dizia o contrário, ou seja, que a aparição do homem era, verdadeiramente, a aparição da ferramenta. Isto não é novo, mas poderia ser desenvolvido de uma maneira quase científica: a partir de que momento o homem, contrariamente ao animal, serve-se de criações de sua própria mão para aumentar seu poder sobre as coisas? Imediatamente vemos o desenho e as artes, sobretudo a arte parietal, mostrando a não exclusividade da escrita como testemunho.

Quanto ao acaso na história, eu diria que esta questão foi tratada na França, há mais ou menos uns 15 anos, não por um historiador, mas por um matemático, filho de um grande linguista. Trata-se de Pierre Vendryès. Fiquei impressionado com o fato de que o exemplo do qual ele partia e de onde queria tirar toda espécie de conclusões sobre os acasos na história era a destruição, por uma tempestade, da frota de Bonaparte no Oriente, o desastre de Aboukir. E, naturalmente, a questão colocada era: "o que teria acontecido se a frota não tivesse sido destruída?". Bonaparte se teria tornado uma espécie de Lawrence da Arábia em vez de ditador da França? Devo dizer que fiquei verdadeiramente chocado pela maneira como foi colocado o problema. Ele o fez da mesma forma que, antigamente, a história essencialmente política, diplomática e militar, em suma, factual o fazia. E esta é exatamente a concepção de história que, na França, nós – um certo número de historiadores – esperávamos ter superado. Isto coincide, aliás, com a recente posição de François Furet – no momento do bicentenário da Revolução Francesa, reforçada pela utilização dos meios de comunicação de massa e das casas editoras. Furet dirige na École des Hautes Études um instituto que intitulou "Instituto Raymond Aron", sociólogo que definiu a história como a arte de restituir ao passado a imprevisibilidade do futuro. É o mesmo que dizer: que se teria passado se o atentado de Sarajevo não tivesse ocorrido? Eu tinha a esperança de que esta maneira de conceber a história como um jogo de xadrez fosse uma coisa superada.

Sempre considerei que a obra de Raymond Aron, *La philosophie critique de l'histoire*,[4] publicada em 1938, alimentava-se da análise da ciência histórica feita por sociólogos alemães da década de 1880, e sempre achei absolutamente escandaloso este autor, em 1938, não ter lido a obra escrita por Ernest Labrousse, publicada em 1933, que representava uma renovação total, sem falar, bem entendido, da Escola dos *Annales*. Ora, François Furet, recolocando o assunto, anunciou uma renovação da história vinda de Raymond Aron. Tenho a impressão de que, hoje, esta ideia já está um pouco esquecida. Não sei se isto teve alguma ressonância no Brasil. Sei que teve no México, pois um historiador francês, de origem espanhola, chegou mesmo

---

4   ARON, R. *La philosophie critique de l'histoire:* essai sur une théorie allemande de l'histoire. Paris: Vrin, 1950.

a afirmar que a revolução mexicana de 1910 não foi uma questão de revolta camponesa, uma questão de luta de classes, mas simplesmente uma luta entre alguns clãs que disputavam entre si o poder. Eu acreditava muito firmemente que essa visão estivesse superada e que, na análise da história, o movimento geral das coisas, e não apenas a sequência de eventos políticos, fosse atentamente observado.

Em relação às grandes transformações históricas, penso ser pouco questionável que tenham sido sempre trazidas, nas suas origens, pela ciência e pela tecnologia. Isto não pode ser contestado. Se nosso mundo atual não se assemelha ao mundo de 1900 é porque houve um certo número de transformações absolutamente marcantes e inesperadas. Quem teria pensado que seria possível deslocar-se de Paris a Tóquio em menos de 24 horas? Esse tipo de coisas, inegavelmente, transforma o mundo.

Outra coisa que me parece das mais impressionantes na história que vivi é a multiplicação da população. Passamos de um bilhão de homens sobre a terra para cinco bilhões, e repare que a intervenção de flagelos como a Aids, por exemplo, lembra-nos o que deve ter sido a queda das populações americanas depois da invasão dos europeus. Eis aí grandes problemas que estão um pouco esquecidos. Sobre isso, permita-me ainda relembrar um episódio de minha vida. No curso dos anos 50, foi publicado um pequeno livro sobre a Catalunha, de uma historiadora inglesa muito respeitável dentro do estilo da história clássica. O livro tratava da evolução da Catalunha do fim do século XIII até a metade do século XV, e a autora se perguntava por que, em um dado momento, a dinastia catalã chegou a seu fim em razão da morte de um rei sem filhos. Ou seja, a autora se filiava à visão da escola clássica catalã, que vincula a decadência da Catalunha ao desaparecimento da dinastia catalã. A resenha desse livro, feita pelo hispanista francês Jean-Victor Angullon, terminava dizendo: é maravilhoso, é uma extraordinária lição de história, de um dia para o outro ninguém sabe o que vai acontecer, ninguém é capaz de explicar por que tal coisa existe etc. ... A única coisa que tinham esquecido – tanto a hispanista quanto o autor que a comentou – é que durante o período por ela estudado, a população catalã havia caído pela metade. É como se, em cem anos, a população da França tivesse diminuído a ponto de hoje ser de vinte milhões de habitantes, ao invés de cinquenta e cinco milhões, e isto desaparecesse das análises. Foi a partir desse tipo de questões que propus uma revisão da história catalã, lembrando, inclusive, que a demografia é um fenômeno fundamental e influi no destino político dos diferentes países.

Em suma, o problema é a observação dos diversos fatores da história e a sua não definição como um assunto de política, diplomacia ou fato militar. Poderíamos falar aqui sobre a multiplicidade de casos, situações particulares muito específicas e raras. Essa multiplicidade de casos é importante quando permite fazer comparações entre situações, e desde que a superespecialização não seja uma simples tentação pelo exótico, pelo estranho. Não digo que não devamos ser especialistas em determinados temas, mas, sim, que devemos, na especialidade que praticamos, olhá-la a partir de um método geral.

Ao fazer uma resenha de uma história catalã da Idade Média, observei precisamente que a grande diferença entre esta história e a precedente – história factual – é que anteriormente era muito mais difícil se situar um evento considerado fundamental. Ao passo que, quando se descobriram fontes de documentos privados passíveis de serem constituídos em série, percebeu-se que se sabia mais, senão sobre a vida privada das pessoas, sobre sua vida econômica. Por exemplo, como as pessoas transmitiam seus bens? Qual o tipo de relação entre o homem e a terra em tal lugar? Tínhamos respostas muito mais corretas sobre a própria sociedade dos séculos X e XI do que certezas sobre os eventos. Portanto, constituir séries sobre fenômenos sociais importantes é algo muito útil. Vejo, por exemplo, a relação do homem com a terra ou a questão da propriedade como fenômenos absolutamente fundamentais. Fico totalmente estupefato com o que se passa hoje na Rússia. Todo mundo fala da transformação do socialismo em capitalismo e da maneira como tal ou qual aspecto vai ficar, mas ninguém nos diz como está o estatuto da propriedade. Modificaram-no ou não? Este é o último aspecto a despertar a atenção. Há, portanto, certos tipos de dados que, se observados, diminuirão muito a importância do acaso. Em contrapartida, se dermos unicamente importância ao poder, é então evidente que quando ele mudar de mãos, isto aparecerá como a transformação fundamental.

Em suma, é importante descobrir quais são os fenômenos capazes de transformar as sociedades. (1992)

A dimensão psicológica da história

O problema da psicanálise na história sempre me atraiu. Lembro-me de minha grande amiga Michelle Perrot, minha assistente durante muitos anos, dizendo-me, um dia: "mas, então, *monsieur* Vilar, reconheça que nós não podemos dispensar a psicanálise na história". Eu disse a ela que admito utilizá-la e até me interesso muito pelo uso da psicanálise na história, desde que não me expliquem a Revolução Russa pelo complexo de Édipo de Lenin e o mau humor de minha arrumadeira, nesta manhã, pela luta de classes. Possivelmente, em algum momento da Revolução Russa, traços do caráter de Lenin devem ter tido uma certa importância, mas, obviamente, não foi decisivo no curso dos acontecimentos. Fico particularmente irritado com essas obras que querem explicar o fenômeno nazista pelos complexos pessoais e as baixezas da personagem Adolph Hitler, e sutilmente desconsideram a grande crise econômica dos anos 30 na Alemanha. De outro modo, até admito identificar o mau humor de minha arrumadeira com a luta de classes, pois jamais alguém gostou de servir a outrem, mas é bem provável que um incidente com seu pai, seu marido ou seus filhos tenha determinado sua pequena crise individual. Eis aí os perigos da utilização da psicanálise. Penso que os problemas vêm, essencialmente, dos exageros e dos equívocos na colocação das questões.

Isto posto, talvez a melhor contribuição que eu possa oferecer à sua reflexão seja uma análise do conteúdo das palavras usadas. Tomemos, por exemplo, "cultura", "mentalidade", "psicologia coletiva". São três coisas diferentes, e seria importante refletir, separadamente, sobre o conteúdo de cada um desses termos.

Meditemos um instante sobre a palavra "cultura". Há vários anos, na introdução a uma conferência sobre a cultura catalã para os colegas de Barcelona, trabalhei o problema da definição desta palavra e referi-me a várias obras alemãs que a catalogaram. Uma delas chegou a registrar algo em torno de 250 definições. Como essa obra não é recente, é provável que esse número tenha aumentado ainda mais.

É um pouco decepcionante e, ao mesmo tempo, muito instrutivo pensar que a definição da palavra "cultura" tenha suscitado tantas nuances e diferenças. Tem-se necessidade de defini-la, mas não se chega a fazê-lo satisfatoriamente. Desculpando-me por ficar em terreno francês, contentar-me-ei com duas definições que nos farão refletir bastante.

A primeira é uma frase famosa de Edouard Herriot,[5] "a cultura é aquilo que permanece quando tudo foi esquecido". A segunda é uma definição de André Malraux que diz mais ou menos isso: "a cultura, para toda coletividade, são os rastros que ficam do passado por serem as únicas coisas que mereciam ficar". A cultura é, em suma, o direito à sobrevivência. Penso não ser difícil, de imediato, reconhecer esta frase em situações históricas. É muito evidente que as pirâmides do Egito ou a Acrópole de Atenas fazem parte da cultura universal.

Reflitamos um pouco sobre o conteúdo da definição de Edouard Herriot. Trata-se de uma questão individual. O indivíduo, logo ao nascer, no decorrer de seus primeiros anos de vida, recebe de seu meio, de seus pais, de seus irmãos, depois de seus amigos, modos de pensar, conhecimentos. Se onde ele vive existe uma escola, terá a educação escolar básica e depois a educação superior se a ela tiver acesso. Num certo momento de sua vida, de forma espontânea, ele imagina ter esquecido tudo isso. Na realidade, mesmo sem se dar conta, está sempre aprendendo, acumulando registros: isto é sua cultura.

A definição de André Malraux subentende as mesmas coisas, mas num plano coletivo. Imaginemos, por exemplo, a Idade Média francesa; o que dela resta são as pequenas igrejas romanas ou as grandes catedrais góticas, poucos textos e não muitos quadros. Mas, se passarmos ao século XVII, são os textos que prevalecem, mesmo sobre os palácios e os quadros. Pode-se refletir, então, sobre o conjunto de cada cultura em cada momento. Desconfio, em

---

5 Edouard Herriot: 1872-1957. Escritor e político francês.

contrapartida, da noção de *cultura nacional*. Não me agrada, por ser fácil demais, a identificação da Inglaterra a Shakespeare, da Espanha a Cervantes, da Alemanha a Goethe. Como faríamos em relação à França? Identificá-la-íamos a Racine ou a Voltaire? A Hugo ou a Proust? Eles não se assemelham e se tentássemos fundi-los, perceberíamos, de imediato, a falácia que isto representa. Apesar de tudo, parece-me haver tentações neste campo, tentações um pouco perigosas e, provavelmente, também, retrocessos. Penso em Louis Dumont que, inspirado em seus conhecimentos sobre a Índia, deu-nos há anos um admirável livro, *L'homo hierarchicus*,[6] mas que, nos últimos anos, tem proposto – em conferência que ouvi e em livro que possivelmente já foi lançado – uma comparação entre o espírito francês e o espírito alemão que nos reporta, eu temo, à década de 1890. Vê-se que é preciso prevenir-se e refletir muito antes de usar a expressão "cultura nacional". Nesse terreno, quem nos deu os melhores trabalhos foram, evidentemente, os etnólogos e os sociólogos. Temos, por exemplo, os trabalhos coletivos sobre o Aubrac, uma pequena região do Massivo Central francês, caso estudado por toda uma equipe de cientistas sociais. Há também o excelente estudo sobre povoados bretões, de Edgard Morin. Vê-se, de imediato, que é preciso localizar para se falar em cultura, o que o termo *nação* não permite. Isto não significa, de forma alguma, fazer folclore. Apesar do exagero com que se cunhou a palavra, que em francês adquiriu um sentido negativo, folclore não é, naturalmente, a definição de cultura.

A cultura é o que permanece, como já foi dito, e é indubitável que na visão de mundo de algumas populações – populações rurais, em geral – permanece um conjunto de elementos que vêm de muito longe. Portanto, o termo *cultura* não está desgastado, se visto a partir de uma localização, localização geográfica mas também social, pois há culturas de classe. Há alguns anos, foi publicado na França um pequeno livro de Michel Verret, chamado *Le travail ouvrier*,[7]

---

[6] DUMONT, L. *Homo hierarquicus.* O sistema das castas. São Paulo: Edusp, 1992.
[7] VERRET, M. *Le travail ouvrier*. Paris: Armand Colin, 1982.

que é uma síntese verdadeiramente notável. Mesmo neste caso, não se pode generalizar apressadamente. É curioso constatar, por exemplo, que o desaparecimento de certos ambientes operários, industriais, está instigando a investigação a respeito daquilo que estes representavam. Está se reconstituindo, neste momento, toda espécie de modos de vida que caracterizavam o trabalho nas minas, no norte da França ou no Cévennes. Pergunta-se, ainda, o que era um operário siderúrgico do Vale do Aço. Esta siderúrgica desapareceu, como desapareceram as siderúrgicas do Ruhr ou de algumas regiões devastadas da Grã-Bretanha. Tais análises, realizadas pelos sociólogos sobre a atualidade, deveriam sugerir ao historiador fazer o equivalente em relação aos períodos passados, evitando, naturalmente, o risco de substituir o conjunto dos estudos históricos por suas descrições, o que poderia levar ao que outrora se denominava história dos costumes, que, de certa forma – é preciso que se diga –, sempre foi feita.

Algumas reflexões a esse respeito são sugeridas por uma discussão que ouvi no rádio, a respeito de um livro sobre Paris no século XIX, sob a Restauração e o Segundo Império. Conheço bem o autor. Trata-se de um aluno de meu mestre Ernest Labrousse. Ele havia feito, no contexto dos estudos gerais que Labrousse orientava, a história de um departamento no século XIX, história total, quer dizer, a partir da demografia, economia, estruturas sociais e, obviamente, os sentimentos de grupo e as diferentes psicologias. No entanto, provavelmente influenciado pela tônica atual dos estudos históricos, o que ele nos apresentou naquele dia foi, de fato, uma Paris dos costumes, das realizações arquitetônicas, enfim, com todos os aspectos que dão ao livro um charme e também um valor não negligenciáveis. Enquanto ouvia este debate, tive, várias vezes, a sensação de conhecer tudo aquilo por intermédio de Victor Hugo. Um de seus interlocutores teve, também, a mesma impressão e acabou dizendo: "Meu caro colega, você deve muito a Victor Hugo, não?" O autor sobressaltado disse: "Como, eu devo muito a Victor Hugo! Eu lhe devo tudo!". Esta sinceridade agradou-me, mas me perguntei se na França do século XIX, existiram Victor Hugo e Balzac, depois Flaubert e Maupassant e posteriormente Zola e Alphonse Daudet, e no século XX, Marcel Proust e François Mauriac, o que resta ao historiador fazer no campo das psicologias e particularmente das psicologias de classe? Muito, sem dúvida, mas não no sentido dos trabalhos que seguiram apenas a abordagem dos grandes literatos. Reportemo-nos e utilizemos a fundo estes grandes espíritos que analisaram admiravelmente seu tempo. Mas coloquemos essas obras no contexto de realidades materiais.

Penso, por exemplo, em *Os miseráveis* de Victor Hugo, que foi sempre uma de minhas leituras preferidas. Todo o mundo guarda na memória, evidentemente, o condenado e a mãe infeliz obrigada a prostituir-se porque seu salário não lhe permitia pagar a pensão da filha. Todo o mundo viveu sua infelicidade. Mas há algo que não encontramos em Hugo, é a análise de um certo porquê. Ele colocou o porquê da miséria no campo, quando Jean Valjean foi condenado à prisão incomunicável pelo furto de um pão, e avançou na análise da mentalidade do egoísmo burguês. Mas achou muito natural que o condenado – tornado senhor Madeleine, prefeito de sua cidade e industrial – ganhasse muito dinheiro por ter inventado uma técnica e que os operários, sujeitos a uma rígida disciplina, ganhassem apenas o mínimo vital. Evidentemente, para ver o que há de fundamental num sistema como esse, foi preciso esperar por Marx, que mostrou a contradição que pode haver entre a acumulação do capital e a remuneração do trabalho. Eu não peço, naturalmente, que se aplique à nossa visão de *Os miseráveis* a visão marxista das coisas. O que quero dizer é que, sob a visão dos romancistas ou dos historiadores do psicológico, é preciso olhar a realidade, a realidade econômica em particular, e saber analisá-la. Isto é, provavelmente, o essencial do trabalho histórico, que deve, simultaneamente, conhecer o funcionamento essencial das sociedades, as desigualdades, o caráter suportável ou insuportável das contradições sociais. O aspecto psicológico é muito importante, mas ele deve associar-se à análise estrutural e conjuntural. Isto é o que nós, durante muito tempo, chamamos "história total", e com a qual me identifico muito. E é para isto que gostaria de continuar chamando a sua atenção. Volto a mencionar minha antiga colaboradora, grande historiadora, cuja amizade prezo muito, Michelle Perrot, que se tornou uma espécie de líder não especialmente da história psicológica mas da história social geral, como "história das mulheres", "história dos costumes", "história da vida privada" etc. Ela começou seu trabalho por uma admirável tese sobre as greves na França no fim do século XIX, tendo descoberto alguns aspectos que me pareceram muito interessantes e significativamente sugestivos. Ela chama a atenção, por exemplo, para o fato de a greve ser um fenômeno catártico, que acontece sobretudo no fim do inverno ou no começo da primavera; catarse ao mesmo tempo do homem e da natureza. É interessante, e sugere muitas coisas. No entanto, creio que, se situarmos as greves unicamente nesse domínio, correremos o risco de esquecer o essencial.

Esta questão me traz à lembrança outro episódio, também ligado à minha vida passada, quando eu era colaborador de Ernest Labrousse. Estávamos indo a um congresso no mesmo trem em que viajava o então diretor dos Arquivos Nacionais, Charles Samaran. Em dado momento, correu um boato sobre o início de uma greve nos transportes e, então, Samaran, conservador tanto em matéria de método histórico quanto no social vivido, murmurou: "outra vez essa história de *gros sous*!". Ernest Labrousse e eu achamos a observação muito divertida e muito pertinente, pois, efetivamente, a greve é também uma história de *gros sous*, aliás, mais precisamente, de *petits sous*,[8] ou seja, aquele "dinheirinho" que falta ao operário no fim de semana. Creio que isto é, afinal de contas, essencial: não se pode esquecer o aspecto material das coisas em proveito do aspecto psicológico, ou então do símbolo e do mito, palavras extremamente valorizadas ultimamente.

De fato, muitas coisas são simbólicas no pensamento humano, muitas coisas são míticas também. Penso na construção do mito da greve geral, por exemplo. Num determinado momento, quando os operários se encontravam reunidos em imensas fábricas ou quando entravam em contato uns com os outros, acabavam por convencer-se de algo que pode parecer infantil e óbvio ao mesmo tempo: se todo o mundo parasse de trabalhar, e todos os operários parassem de trabalhar, o mundo não funcionaria mais. O que sucederia? A greve geral desencadearia uma transformação fundamental na sociedade.

---

8   As expressões *gros sous* e *petit sous* são difíceis de traduzir. Literalmente dinheiro e "trocados", respectivamente.

Uma das primeiras manifestações deste mito aconteceu exatamente dois dias antes do meu nascimento, a 1º de maio de 1906. A burguesia parisiense acreditou verdadeiramente no fim do mundo porque se decretou uma paralisação puramente simbólica de um dia no conjunto das atividades parisienses. Evidentemente, isto permanece na ordem da manifestação simbólica, portanto, na ordem do mito, mas tenho de dizer que não se pode, apesar disso, desdenhar o mito da greve geral no que ele pode ter de ação histórica concreta, de fator desencadeador de fatos históricos importantes. Tive oportunidade – em 1936 e depois em 1968, em Paris –, de assistir a greves gerais que desencadearam verdadeiras transformações no nível da legislação social. Em 1936, as fábricas foram ocupadas e o trabalho interrompido. No fim de 48 horas realizou-se, finalmente, um encontro entre a cúpula do grande patronato e representantes operários, e foi um dos mais espetaculares progressos da legislação social na França, com a conquista da semana de quarenta horas, das férias pagas etc. Em 1968, o imaginário guardou na lembrança, sobretudo, as manifestações estudantis, as barricadas no Quartier Latin e a "imaginação no poder", mas houve, também, após alguns dias, uma suspensão tão extensa da atividade na região parisiense e no conjunto da França que o temor foi total. Não se podia mais circular em Paris, não havia mais gasolina, não havia mais nada. Imediatamente, reuniram-se, dessa vez também, as altas autoridades patronais e os representantes operários, o que levou a outro progresso na legislação social.

Não digo que este modelo francês seja o modelo habitual. Ao contrário, pode constituir exceção neste século, porém é uma exceção notável. Não digo, também, que seja o modelo em todos os países europeus. Penso que, na Grã-Bretanha ou na Alemanha, as transformações da legislação social sempre foram obtidas pela via parlamentar, antes que os operários as tenham exigido por métodos tão espetaculares quanto a greve geral. Mas, isto posto, insisto, não se pode negligenciar o fato de que um mito pode engendrar uma ação eficaz e efetiva. Portanto, não negligenciemos o mito, porém certifiquemo-nos de que ele seja inserido numa evolução histórica mais concreta, que deve ser reconstituída.

Já que falei de Michelle Perrot, tenho vontade de falar também de alguém que lhe é muito próximo, seu marido Jean Claude Perrot, também meu íntimo colaborador nos anos 60. Jean Claude seguiu uma trajetória ao mesmo tempo semelhante e inversa à seguida por sua mulher. Ele nos deu, no decorrer dos anos 60, uma admirável síntese. Uma tese sobre Caen, cidade de médio porte do século XVIII francês, na Normandia.[9] Eu a considerei uma das realizações mais perfeitas daquilo que pedia Ernest Labrousse quando falava de história total. Para apresentar-nos esta cidade, precisou, de início, questionar-se a respeito da demografia – número de habitantes, número de crianças por família, média de vida, nupcialidade etc. Questionou-se, também, a respeito das trocas entre o campo e a cidade, incluindo as materiais, os mercados. Em seguida, fez um estudo do surgimento de algumas atividades produtivas, artesanais, industriais. Finalmente, abordou todo o problema urbanístico, a forma como as pessoas concebiam a cidade, sem esquecer tudo o que restara do passado pela existência dos admiráveis conventos da cidade de Caen, mas também das *sociétés de pensée*, que representavam as ideias mais avançadas do século XVIII. Ao mesmo tempo, mostrou – e isto jamais esqueci – a execução capital, pelo esquartejamento, de um bandido de muitos crimes que cantava o *Te Deum* durante a tortura, um *Te Deum* que contagiava a multidão.

Esta coexistência, na realidade e no pensamento, em um ambiente bem preciso, de fenômenos muito antigos com fenômenos muito novos afasta-nos destas formulações históricas, no meu entender, ultrapassadas, que consistem em dizer, por exemplo, que a Revolução Francesa é obra apenas de algumas personagens. Não. É evidente que se trata de algo infinitamente mais complexo. No entanto, há pessoas que aceitam este tipo de versão, a ponto de explorar a revolução mexicana de 1910 como histórias de clãs, sem nenhuma relação com a luta de classes. Eu penso que é preciso evitar isso, e acho admirável que Jean Claude Perrot nos tenha dado esta síntese.

---

9 PERROT, J. C. *Genèse d'une ville moderne*: Caen au XVIII siècle. Paris: La Haye, Mouton, 1975.

No campo dos fenômenos multimilenares, dos fenômenos de mentalidades, eu estive atento, nestes últimos anos, às pesquisas de um velho amigo de juventude – falecido há dois anos – Alphonse Dupront, que, sempre no ambiente da École des Hautes Études, dedicava um seminário de pesquisa a esse tipo de fenômeno. Um pouco antes de sua morte, meu amigo Dupront publicou pela Gallimard uma obra bastante extensa, intitulada *Du Sacré*,[10] que, segundo ele, é uma pequena parte de suas reflexões. Neste livro, que foi um dos últimos que pude ler atentamente, encontrei muitas coisas interessantes, porém, talvez mais do ponto de vista etnológico que histórico.

Há uma parte do livro consagrada à peregrinação, particularmente a de Lourdes, esta cidade dos Pireneus onde a Virgem apareceu a uma pastorinha e onde massas enormes se comprimem todos os anos. Sempre tive muita familiaridade com o fenômeno de Lourdes, antes de tudo pela minha família, pois, quando era muito pequeno, convivi com uma tia do lado paterno, ingenuamente devota, que sonhou toda a sua vida em ir a Lourdes, não tendo jamais realizado seu sonho, o que causou indignação em toda a família. Mais tarde, visitava muito os Pireneus, tendo estado nesta pequena cidade tanto no inverno, quando havia apenas duas ou três pessoas diante da gruta milagrosa, quanto no verão, quando parecíamos estar em Nápoles ou Palermo. Por outro lado, o fenômeno foi insistentemente explorado pela literatura e pela arte. Penso no romance de Zola, *Trois villes: Lourdes* (1894), *Rome* (1896), *Paris* (1897). Não podemos esquecer que este autor considerava Lourdes como digna de figurar ao lado de Roma e Paris. No decorrer de minha infância, continuamente presenciei debates a respeito desse romance de Zola.

Sobre Compostela, peregrinação ainda mais antiga e mais importante, há um filme de Buñuel que desmistifica praticamente todos os elementos contidos no fenômeno: a atração do sagrado e do milagroso, mas também a atração da viagem como elemento de atividade grupal; as multidões e, ao mesmo tempo, os pequenos negócios lucrativos que se pode ter aqui e acolá. Tudo isto é de uma complexidade extrema, mas não é história. História é a inserção

---

10 DUPRONT, A. *Du Sacré*. Paris: Gallimard, 1987.

destes fenômenos de longa duração na multiplicidade de aspectos que a compõem. Não nos esqueçamos de que Lourdes é um fenômeno que aparece no momento em que o pontificado romano está em plena crise e quer afirmar sua possibilidade de romper com os dogmas. De outro modo, desperta interesse na França após a derrota da guerra franco-prussiana e da Comuna, ou seja, no ambiente evocado por Zola. A Virgem de Guadalupe presidiu a emancipação do México, a Virgem de Fátima apareceu em 1917 – admitamos que esta não é uma data sem importância – e a Virgem de Czestochowa retomou sua influência sobre multidões imensas na Polônia após 1945, paralelamente ao que poderíamos chamar o fenômeno João Paulo II. Em outras palavras, o que interessa ao historiador, é a inserção do mental multissecular no interior de fenômenos que possam ser datados e a imersão numa determinada dialética.

Gostaria de evocar um episódio pessoal, vivido num país basco, não muito longe da cidade pireneia de Lourdes, ou seja, lugar onde os etnólogos sabem que o passado multissecular está sempre presente. Este episódio aconteceu há trinta anos, portanto tenho certeza de que as coisas mudaram muito. Eis o que se passou: estava em minha casa, quando começou uma terrível tempestade. Imediatamente, temi pelas colheitas de meu vizinho (eu não tinha nenhum cultivo), um agricultor com quem mantinha as melhores relações e a quem fui ver logo que os primeiros raios anunciaram a violência da tempestade. Arrasado, ele me disse: "as colheitas estão perdidas", e acrescentou, "mas isto não surpreende; outrora (a palavra "outrora" aparece frequentemente nestas conversas camponesas), em situações semelhantes, o vigário da paróquia estava em sua igreja, ele rezava e o flagelo podia acabar. Hoje – disse, com visível ressentimento – nosso vigário está em férias na Bretanha".

Fui tomado por certo desejo de rir, mas, por outro lado, prestei uma atenção particular àquele lamento, pois mostrava-me funções entre tempos diversos. A crença de que a chuva e o bom tempo dependem da divindade e de que a divindade atende às preces é tão longínqua quanto a história. Mas, por outro lado, esta ideia da função do pároco é algo que data do *Ancien Régime* e causou, também, muitos problemas no século XIX e, praticamente, até os anos 50 de nosso século. O pároco é uma autoridade nas aldeias, mas é também um homem de ofício, um homem com uma função que, quando interrompida, torna-o irresponsável. Reencontramos esta reação, hoje, no camponês que trabalha da manhã ao anoitecer, de janeiro a dezembro, e que não gosta de imaginar um funcionário em férias. De minha parte, sabia que o vigário em questão – que nessa época era um jovem – na realidade dirigia uma colônia de férias na Bretanha, fora da região mas para as crianças da região, ou seja, um outro hábito ditado pela mentalidade, mas que meu vizinho desconhecia. Toda esta coexistência de tempos me aparecia como qualquer coisa de muito instrutivo.

Isso aconteceu há trinta anos, e penso que as coisas mudaram. No entanto, seria preciso informar-me para saber, por exemplo, se existe ainda, sazonalmente, o que se chama de ladainhas, quer dizer, preces públicas diante de todos os crucifixos e encruzilhadas da zona rural para o bom tempo e a saúde das colheitas, prática que pode conviver com a moda do *rock* nos bailes da juventude. Quanto à ordem dos fatores, pensemos nas alterações no mundo material da produção. Na época que retratei, o instrumento fundamental era ainda o arado. Hoje é o trator, e a mais modesta faxineira ou enfermeira que vai ao campo o faz ao volante de seu próprio automóvel. Se é enfermeira diplomada, terá também um telefone portátil para comunicar-se com seu patrão. Vê-se, então, que foram as coisas materiais que mudaram. Penso que é a partir dessa ordem de fatores que devemos estabelecer as coisas. É por isso que dar uma preferência exagerada ao secular e ao mental parece-me um perigo de interpretação. É preciso assinalar as permanências quando elas existem, mas nunca sugerir qualquer traço eterno, o que seria, na realidade, uma escolha metafísica.

Gostaria de dizer, ainda, uma palavra, neste terreno das mentalidades. Na tese de Jean Claude Perrot que mencionei, disse que ele evocou um estranho espetáculo, a execução de um condenado por esquartejamento que cantava o *Te Deum* junto com a multidão. Como a data do espetáculo assinalado é bastante posterior à época de Voltaire, pode-se dizer que sua influência não foi imediata. É seguro que, mesmo durante a Revolução, assinalou-me Michel Vovelle, houve, não execuções, mas sentenças que as previam, em Provença, em 1790 e 1791.

Mas, e a guilhotina em Paris? Não nos esqueçamos de que era um instrumento humanitário. O bom doutor Guillotin, grande convencional, inventou-a para poupar aos executados esta espera atroz decorrente do erro ou da lentidão do carrasco manejando o garrote, a forca, ou executando a golpe de machado. A guilhotina, em suma, era um instrumento de eutanásia. Mas não negligenciemos o seu alcance: continuava, naquele momento, a ser um instrumento intimidatório. Era erguida sobre um cadafalso, ou seja, em lugar suficientemente alto para que a multidão pudesse assistir claramente à execução. Estudou-se recentemente os momentos em que essa noção de exemplaridade recuou no conjunto das decisões policiais ou judiciárias. A guilhotina foi finalmente reconduzida ao chão a fim de que somente as primeiras fileiras da multidão pudessem vê-la. Mas, então – e este é um fator interessante – foi a multidão que protestou. Por volta de 1900, durante as últimas execuções públicas, em Paris, as janelas e as sacadas eram alugadas a preços exorbitantes, não somente pelos marginais, que sempre gostaram de assistir à representação de seu possível destino, mas por toda a Paris das artes, dos espetáculos, mesmo dos salões, que também apreciava acompanhar as execuções. Depois, no decorrer do século XX, estas foram limitadas aos tribunais das prisões, comum público restrito, representando os poderes, a Justiça, eventualmente a Igreja. Finalmente, em 1981, na França, graças a uma mudança de maioria parlamentar, a pena de morte foi abolida. Isto já tinha sido feito em algumas nações vizinhas, e sabe-se que nos Estados Unidos esta legislação depende dos Estados e provoca discussões apaixonadas. Isto ocorre também quando se trata de outros problemas concernentes à vida humana; penso no aborto, que ainda causa dramas entre Inglaterra e Irlanda. Curiosamente, nesse campo, minha vivência de historiador tranquiliza um pouco meus escrúpulos de homem e de cidadão, porque, frequentemente, a legislação precede o estado da opinião pública. Mas não é assim em todos os campos. Na área da legislação social, por exemplo, as massas geralmente têm exigências, necessidades, desejos, mas os círculos restritos, o conjunto de interesses constituídos, têm muito mais autoridade sobre os poderes públicos. Já no campo da política externa ou das decisões militares, algumas vezes, tem-se a impressão – mas é preciso verificá-lo – que a opinião pública arrasta os governos. Tudo isso são mecanismos cuja reconstituição é importante, ainda que sua complexidade dê a impressão de não podermos dominá-los jamais. Afinal, quer se trate de organismos biológicos e humanos ou de máquinas por nós mesmos fabricadas, a complexidade não impede a lógica, e é a lógica que é preciso estabelecer ou estudar. Nessas condições, não há nenhuma razão para que não analisemos o social com a esperança de dominá-lo um dia. No entanto, a tendência – de resto, em todas as ciências – é de especialização, e no domínio social vemos estabelecerem-se, de um lado, economistas, de outro, etnólogos, sociólogos, psicólogos do individual e do coletivo, em suma, inúmeras especializações. Eu não creio que seja fácil chegar a sínteses num terreno como esse, mas, não seria o historiador, justamente, o mais aparelhado para fazê-lo?

Isto pode parecer irônico, já que sabemos o quanto as lições de história produziram banalidades e incertezas. No entanto, controlando um pouco estas banalidades, não seria o historiador aquele que – como se diz gracejando – prediz o passado? Pode-se até sistematizá-lo, e não necessariamente à maneira de Raymond Aron, que, como já dissemos, define a história como a sucessão de fatos políticos, e, às vezes, no sentido mais estreito da palavra política, no sentido a ela dado pelos politólogos quando tentam prever o resultado das próximas eleições. Não repetirei o que já disse sobre as noções de história total, retrospectiva e comparada. Gostaria, simplesmente, de tentar comparar dois métodos que me parecem opostos e significativos: o método de Lucien Febvre e o de Michel Foucault.

Febvre, nos seus trabalhos, estabeleceu um determinado território e uma determinada época – o século XVI e tentou reconstituir a relação dos homens com a terra, com as possibilidades produtivas, o traço dominante das sociedades camponesas nesta época, mas também o surgimento de coisas muito novas no campo das trocas, da moeda, assim como o problema dos poderes. Tendo tido a sensação de conhecer suficientemente tudo isto, pôde produzir pesquisas de outro tipo, como a que abordou o significado dos textos de Lutero e de Rabelais.[11]

Michel Foucault pensava de outra maneira: colocou grandes problemas humanos, como crime e castigo, loucura e internamento, doença e hospital, interdições sociais e práticas sexuais, e projetou estes problemas no passado, buscando ver, por meio dos textos, como foram tratados, tanto no século XVII quanto, às vezes, na Antiguidade grega. É muito sugestivo, muito interessante, e feito geralmente com talento e mesmo com genialidade. Porém, apesar do inegável efeito sedutor provocado por este método, temo que haja nele alguns problemas, como, por exemplo, o de fazer os textos dizerem o que não poderiam dizer em sua época, perigo decorrente do conhecimento insuficiente da época referente aos textos estudados. Seria projetar nossa maneira de ver os problemas sobre a maneira como os viam as civilizações mais antigas. Eu me permito preferir o método de Lucien Febvre.

Com relação às questões políticas, eu não proporia relegá-las a uma situação subordinada, mas sim dar-lhes apenas um lugar entre todos os outros fatores. Vou dar um exemplo do que quero dizer. Em agosto de 1991, o ministério francês mudou. Dois meses depois, o índice de desemprego teve um ligeiro aumento, uma pequena porcentagem. Imediatamente, isto foi considerado culpa do governo, que, inclusive, favoreceu esta interpretação tomando medidas e prometendo a diminuição do desemprego. Na realidade, todas as mudanças políticas destes últimos anos assentaram-se nisso. Mas sabemos muito bem que a questão do desemprego é infinitamente mais complexa. No momento em que um automóvel leva algumas horas para ser produzido em vez das semanas que levava há 15 anos, a oferta de emprego não pode ser a mesma. Não obstante, haviam-nos prometido um século XX triunfante, e os anos gloriosos pareciam confirmar isso. Mas o problema do emprego permanece.

---

11 Pierre Vilar refere-se às obras: FEBVRE, L. *Un destin: Martin Luther.* Paris: PUF, 1968; idem, *Le problème de l'incroyance au XVIe siècle. La religion de Rabelais.* Paris: Albin Michel, 1942.

Disseram-nos que ele se resolveria pelo emprego no terciário, comércio, publicidade etc., mas os interesses são contraditórios: a empresa deve limitar seus custos, o trabalhador deseja aumentar sua remuneração. Felizmente, estamos em uma fase em que se negocia. Ocorre que as soluções adotadas pelos diversos países são tão diferentes que é impossível construir qualquer tipo de direcionamento mais geral para o problema. Tudo mudou, a noção de população ativa, a idade de entrada no mercado de trabalho, a idade da aposentadoria também. Tudo isto deve ser estudado no seu conjunto, e a ideia de que a autoridade política é responsável por um conjunto tão complexo é, evidentemente, uma puerilidade. É pouco provável que as soluções essencialmente políticas dadas, por exemplo, à crise do ex-mundo socialista resolvam harmoniosamente os problemas. (1992)

Questão nacional

Sobre o fato nacional, vou-me ater a algumas preocupações colocadas pela sua questão. Você falou de nações hegemônicas. Não creio que uma nação seja espontaneamente hegemônica. Na França, em 1789 e 1792, a população operou uma revolução pretendendo tomar para si os destinos de um Estado, até então em mãos de um só monarca. Por causa desta revolução, em 1792, a Europa coligou-se contra a França, que, por seu lado, resistiu e, ao fazê-lo, precisou as noções de nação e de pátria, e precisou-as de maneira defensiva. A *Marseillaise* é o típico exemplo de hino nacional defensivo. A partir do momento em que um homem – Bonaparte – apodera-se do Estado francês e quer fazer dele um Estado hegemônico, a França deixa de chamar-se a si própria nação para chamar-se Império.

Creio que é preciso refletir sobre esta noção de Império, que foi, na segunda metade do século XIX, sem dúvida, essencial. Nós nos assustamos um pouco com a queda do que se chamou "Império soviético", que não era outra coisa senão o Império russo transformado; no entanto, se nos tivessem dito, nos anos 30, que o Império britânico ou o Império francês não mais existiriam cinquenta anos mais tarde, todo mundo teria dado de ombros. Mesmo já tendo sido delineada, entre 1925 e 1930, a crítica ao imperialismo econômico ou político, o Império inglês e o Império francês apareciam como construções extraordinariamente sólidas e, se Estados como o alemão insurgiam-se contra esse tipo de dominação mundial das comunidades vizinhas, era, evidentemente, na esperança de construírem, eles próprios, um Império de natureza ao menos semelhante.

Após a Segunda Guerra Mundial, constatou-se – e isto é muito interessante – que impérios do tipo inglês e francês não se podiam manter. Os diferentes territórios coloniais ou os protetorados sob o domínio destes Estados tornaram-se, eles próprios, Estados, em condições, inclusive, extremamente diferentes e, geralmente, muito discutíveis. De qualquer maneira, acabaram-se os impérios no sentido antigo da palavra, com exceção do Soviético, que, no entanto, passou a ser questionado por politólogos americanos ou, na França, por uma historiadora como Hélène Carrère d'Encausse,[12] que declararam: "o Império soviético perecerá". Esta afirmação apareceu como expressão de um desejo mais que de uma realidade, porém eles tinham razão. Jean Baptiste Duroselle, na França, publicou um livro com o título: *Todo império perecerá*.[13] É preciso reconhecer que o prognóstico se realizou. Não nos esqueçamos de que o mesmo fenômeno havia se manifestado, logo após os anos 1800 a 1815, em Estados que se queriam nações em detrimento do Império espanhol: refiro-me à América Latina. Mas aí, também, o fenômeno, em cada caso específico, está para ser observado, e suas características são discutíveis.

O que não desapareceu, no mundo atual, foi a noção de potência. Os Estados Unidos, exemplo de grande potência, são uma nação, provavelmente, apenas na medida em que são uma potência. Quero dizer que se todos estes imigrados que vieram da Europa Oriental e Meridional no fim do século XIX e começo do século XX, da América Latina, particularmente do México, e os negros que após tanto tempo não foram assimilados, se todas essas pessoas descobrem uma solidariedade profunda, é sem dúvida pelo sentimento que têm de pertencer a uma grande potência. Penso que o complexo que pode

---

12 D'ENCAUSSE, H. C. *L'Empire éclaté*. Paris: Garnier-Flammarion, 1990.
13 DUROSELLE, J. B. *Tout empire périra*. Paris: Armand Colin, 1992.

ter um imigrado ou um negro nos Estados Unidos, que é um complexo de inferioridade de tipo social e mesmo de tipo grupal, é bastante compensado por esta noção de orgulho profundo, eu poderia chamar de psicanalítico, que consiste em dizer "somos pobres, somos marginais, mas pertencemos à maior potência do mundo".

Esta dimensão de potência não se pôde recusar, por exemplo – no quadro das Nações Unidas –, à China, apesar de suas características particulares, e ao Japão, no espaço do Pacífico, onde é, certamente, uma potência direta ou indireta no conjunto desse mundo oceânico do Extremo Oriente. Sobre o Brasil, evitarei pronunciar-me, mas sugeriria que você refletisse sobre o que pode significar essa noção de potência. Na Europa, estou certo de que é a categoria procurada. Como nenhum dos Estados-nações que a constituem têm possibilidade, hoje, de se elevar à condição de potência mundial, no sentido da China ou dos Estados Unidos, os dirigentes europeus buscam a potência Europa. Quanto à possibilidade, aventada por alguns, da Europa formar uma nação, sou extremamente cético. É evidente que jamais um andaluz e um escandinavo descobrirão características suficientemente comuns para se considerarem, ainda que vagamente, aparentados.

Mas você me interroga sobre o ressurgimento, por exemplo, na Iugoslávia e nos confins da antiga União Soviética, de movimentos nacionais, no sentido século XIX da palavra, ou seja, de agrupamentos de população que sentem alguma coisa em comum e querem traduzir esse sentimento em uma instituição de Estado. Creio ser preciso, para analisar este fenômeno, retomar a diferença estabelecida pelo sociólogo alemão Ferdinand Tönnies[14] entre comunidades e sociedades. Comunidade é um fato psicológico de base, sentido por um conjunto de pessoas. Sociedade é um fato de organização que se constitui em proveito de certos grupos, e não sentido, mas apenas suportado pelos outros homens. O problema consiste em se perguntar se, em cada ponto do globo, o fato sociedade – no fundo, organização do Estado – coincide suficientemente com o fato comunidade,

---

14 TÖNNIES, F. *Comunidade y asociación: el comunismo y el socialismo como formas de vida social*. Barcelona: Peninsula, 1979.

fundamentalmente sentido mas não necessariamente identificado com a organização estatal. Deve-se, portanto, observar as relações entre comunidades e sociedades, entre sentimento de comunidade na base e realidade social no cume.

A cada instante da história, uma classe social se apropria dos destinos de uma comunidade, procurando identificar-se a ela, ou seja, buscando transformar a comunidade nela própria. Isto é importante porque mostra – se introduzirmos o ponto de vista da psicanálise, não freudiana mas adleriana[15] – a ligação entre complexos de inferioridade e superioridade. Em um país como a Iugoslávia, por exemplo, onde certas comunidades – de línguas, de cultura, de história – como os croatas e os sérvios convivem, há choques de sentimentos de superioridade-inferioridade que se manifestam ora no campo econômico, ora no político, ora no religioso ou ainda no cultural. Portanto, é todo esse conjunto que é preciso investigar. Pierre Renouvin, em um curso na Sorbonne, estudando o problema dos autonomismos, utilizou minha pequena história da Espanha[16] e sublinhou, justamente, o complexo de inferioridade política dos catalães – no século XIX – em relação aos castelhanos, que se manifestava por um desconforto dos primeiros por serem governados "por gente de Madri". Inversamente, havia um sentimento de inferioridade econômica dos castelhanos em relação aos catalães, por terem a sensação de estar sendo explorados "pelos ricos". Por aí se vê muito bem como particularidades que poderiam traduzir-se socialmente, por serem ressentimentos de ordem econômica e social, tomam a fisionomia de oposição entre grupos, entre comunidades. Observemos que hoje, por exemplo, na Espanha, o grupo basco é mais violento e chega mesmo ao terrorismo, enquanto o grupo catalão parece contentar-se com uma autonomia. Neste caso, também, é preciso considerar os problemas econômicos: o País Basco, que em sua época de prosperidade repousava sobre a siderurgia e a construção naval, está em plena crise econômica, enquanto os catalães, com sua indústria mais

---

15 Pierre Vilar refere-se a Alfred Adler (1870-1937), médico e psicólogo austríaco, aluno e colaborador de Freud, de quem se separou em 1911.
16 VILAR, P. *Histoire de l'Espagne*. Paris: PUF, 1947.

adaptável, mais adequada às necessidades modernas, chegou a um certo equilíbrio.

O campo dos esportes, das realizações olímpicas oferece-nos elementos interessantes de análise. Estudiosos mostram o quanto o fenômeno de organização esportiva, ou seja, de oposições que não são propriamente conflitos, opõe nações e não Estados, ainda que saibamos das dificuldades em distinguir nação de Estado, mesmo nos jogos. É curioso observar, por exemplo, em um torneio de rúgbi, o conflito entre cinco nações – o País de Gales, a Irlanda, a Escócia, a Inglaterra e a França – no momento da execução dos hinos nacionais: os irlandeses não querendo que se toque o hino britânico, os escoceses aceitando-o num determinado momento mas deixando-nos dúvidas em relação a suas aceitações futuras e a execução sem hesitações da *Marseillaise*, sugerindo-nos que a França é o Estado-nação por excelência!

Uma abordagem da questão nacional que me parece muito interessante é o estudo do vocabulário. Tenho notado, nos últimos anos, nesse campo, uma enorme confusão no emprego das palavras. Vou me ater ao vocabulário francês.

Durante a Guerra do Golfo, ouvimos personagens politicamente importantes dizerem: "felizmente, a partir de agora, será impossível a um país invadir um outro". Esta frase é totalmente absurda. A começar pelo fato de que *pays*, em francês, é uma palavra que tem vários significados e seu emprego, a propósito da Guerra do Golfo, foi pura e simplesmente um comodismo e um equívoco. Pode-se imaginar o deserto iraquiano invadindo o deserto kuwaitiano? Pois, *pays* é isso: é uma paisagem, uma composição da natureza. Então, naquela frase, de que se trata exatamente? Trata-se de um Estado que invadiu outro Estado, ultrapassando fronteiras que haviam sido fixadas – não faz muito tempo – pelo comodismo do imperialismo inglês. Por outro lado, o que significa a disputa entre Iraque e Kuwait? É uma questão de distribuição de petróleo. O Estado kuwaitiano era um Estado quase medieval, um emirado muçulmano, protegido por um certo tipo de imperialismo estrangeiro. O Iraque, um país em vias de modernização e particularmente modernizado no campo dos armamentos, simplesmente porque, em um determinado momento histórico, vinha-se opondo ao Irã, que aparecia como um perigo antimperialista. Portanto, dizer *país* porque não se ousa dizer *Estado* é bastante significativo.

Ainda a propósito do Oriente Médio, ouvi, uma manhã, um brilhante jornalista francês, particularmente informado junto à imprensa internacional, dizer: "Ontem aconteceu algo muito importante, o presidente Bush disse ser preciso dar uma pátria aos palestinos e o presidente Mitterand disse que se trata de dar aos palestinos um Estado. Eu – continuou o jornalista – corri ao *Petit Dictionnaire Larousse* para saber a diferença entre pátria e Estado".

O cômico é que o jornalista não parecia ter-se perguntado se o presidente Bush exprimia-se em termos do dicionário *Larousse!* Que um grande jornalista tenha necessidade de recorrer ao dicionário para descobrir a diferença entre pátria e Estado pareceu-me algo a ser notado.

Sobre a diferença entre país e pátria, emprestarei, ainda, algo de Victor Hugo. Em seu romance *Noventa e três*, que é uma apresentação muito romanesca da Revolução, há um pequeno incidente digno de destaque. Era o momento da Guerra da Vendeia. Uma camponesa que fugira de sua aldeia entregue à guerra estava sentada em uma clareira. Um sargento pertencente ao Exército dos Revolucionários, vindo de Paris, perguntou a esta camponesa: "Qual é tua pátria?". Ela fez uma expressão totalmente estupefata, ela não o compreendeu. Ele lhe disse, então: "Qual é teu *'pays'*?" e ela respondeu o nome de sua aldeia. É seguro que a palavra *pays*, mesmo hoje, em conversas triviais, significa aldeia para os interlocutores. *Pátria* – e o sargento fez imediatamente a análise – é uma criação do momento. Não uma criação a partir de nada. Sabemos bem que o vocabulário da Revolução e, particularmente, o vocabulário da *Marseillaise* se aproxima do vocabulário do século XVI. Há uma tradição clássica, uma tradição emprestada da Antiguidade, especialmente presente nos colégios jesuítas. O próprio Robespierre, como se sabe, tinha passado dez anos de sua vida no Colégio Louis Le Grand. Mas as noções de pátria-nação escapavam evidentemente à camponesa. Para ela, o que importava era o *pays* e evidentemente não apenas o país-aldeia. Na França, com certeza, a palavra *pays* – que vem do latim *pagus* – exprime em geral a consciência de um grupo muito pequeno que é ao mesmo tempo geográfico, humano e linguístico, e no qual as pessoas se sentem parentes. Isto vem, provavelmente, das mais antigas divisões, da "Gaule pré-romana", e se quisermos um exemplo, na Normandia podemos distinguir perfeitamente o *pays de Caux* do *pays de Bray*.

Creio que a noção geográfica, a noção de ligação geográfica a um país é extremamente importante. No exílio, por exemplo, quando dizíamos *"retour au pays"*, não se tratava do retorno à França, que era uma outra coisa, mas o retorno a uma certa paisagem e, provavelmente, a uma certa particularidade de sotaque ou de língua. Portanto, de imediato, percebe-se que dizer a franceses "um país não deve invadir outro país" é uma maneira de agir sentimentalmente sobre eles.

Estas hesitações de vocabulário são particularmente significativas quando se trata do problema judaico-palestino. A questão judaica colocou durante séculos, em razão da diáspora, um problema de comunidade. Onde quer que estivessem, na sua dispersão por meio de realidades históricas diversas, os judeus tinham comunidades. É evidente que eles não tinham a possibilidade de constituir nação e, menos ainda, Estado. No início do século, sabe-se que o judaísmo tinha exigências essencialmente culturais, ou seja, de constituição de uma comunidade cultural a ser reconhecida. O que se passou em seguida, no episódio hitleriano, tomou proporções tão inesperadas, tão assustadoras que foi impossível discutir, no sionismo, de forma equilibrada, a questão de um espaço para o Estado no seio do Oriente Médio. Este Estado só pôde constituir-se sobre um território já ocupado por uma comunidade, aliás, sem valores políticos muito claros. Estou pensando, em particular, nos palestinos, que não são uma comunidade de tipo religioso absoluto, pois os cristãos palestinos são, algumas vezes, tão transtornados pela situação quanto os palestinos muçulmanos. Então, o Estado judeu encontra-se em uma situação sitiada da qual decorrem suas características. Como há uma capacidade cultural que é, provavelmente, a mais extraordinária do mundo, há a possibilidade de sentir-se ao mesmo tempo Estado e nação. Potência, em contrapartida, seria um caso a estudar. A questão é dramática, mas também extremamente significativa. Penso que o problema Estado-nação-potência deve ser particularmente estudado nesta região do mundo. Mas deve também ser analisado, globalmente, o nível daquilo que chamamos as Nações Unidas.

É extremamente curioso constatar que a potência que hoje domina verdadeiramente as Nações Unidas enquanto organização chama-se Estados Unidos. Isto poderia parecer absurdo, pois sabemos bem que os estados, no sentido contido no termo Estados Unidos, não são soberanos e, principalmente, não são militar e diplomaticamente livres! Este é mais um problema a se estudar, pois a Alemanha, nesse sentido, é também constituída de vários conjuntos que têm – até certo ponto – uma grande autonomia política. Inversamente, as inúmeras nações que compõem as Nações Unidas são, na maioria, pequenas ex-colônias, pequenas ilhas que se tornaram independentes politicamente nos últimos anos e que não têm grande representação no nível cultural. Penso na República de São Marino, que reúne umas vinte mil pessoas no interior da Itália. Estive lá durante alguns dias por ocasião de um congresso. Eu diria que se trata da única comunidade que me pareceu satisfeita com seu estatuto jurídico. É compreensível. A República de São Marino jamais foi invadida militarmente, nem por Napoleão, nem por Hitler, nem por Mussolini. Foi apenas ameaçada uma vez por um governo italiano, democrata-cristão, por ter eleito um Conselho com tendências comunistas. Até aí, é apenas divertido, mas eu fui recebido muito amavelmente pela ministra da Cultura, uma senhora extremamente distinta e, além do mais, comunista, e perguntei-lhe: "Vocês fazem parte das Nações Unidas enquanto República de São Marino?". Ela respondeu-me: "Não, nós nos contentamos com representantes na Unesco, pois representantes em Nova York, nas Nações Unidas, custar-nos-iam muito caro". Suponho que o obstáculo tenha sido superado, pois soube que, quando apareceram em Nova York as nações saídas do Império Soviético, içaram, também, nesta ocasião, a bandeira da República de São Marino. É divertido, mas não é muito sério: as Nações Unidas são um conglomerado, sem grande poder, de realidades completamente díspares.

Poderíamos pensar que há – ainda e sempre – o sonho da república universal, mas eu constato que a única coisa que se poderia assemelhar a um estado de direito na república universal seria o Tribunal Internacional de Haya que funcionou, inclusive, desde antes da guerra de 1914 e que é algo extremamente interessante, justamente porque se trata de um poder jurídico independente dos Estados. Porém, ao que tudo indica, não lhe confiam as causas particularmente importantes; portanto, não nos confundamos, não tentemos mesclar coisas que não se assemelham. Na Europa, entre as duas guerras, houve pessoas tentadas pela fórmula europeia de Hitler; houve gente muito sincera que acreditou na Europa como uma primeira formação de tipo república internacional, que nos levaria aos Estados Unidos da Europa, ou seja, um passo em direção à república universal. Infelizmente, não posso acreditar nisto, pois estamos vendo atribuir-se ao governo Europeu apenas responsabilidades econômicas, militares e diplomáticas que, evidentemente, representam tão somente uma busca de potência e não de independência de nacionalidade ou de fraternidade internacional.

Eu tinha orientado meu projeto de estudos sobre o problema nacional a partir de outras interrogações. Antes de mais nada, interessa-me saber o que é uma comunidade e até que ponto esta comunidade é sacralizada.

Creio que seria preciso partir de Durkheim, já que ele mostrou – e não é o único sociólogo a fazê-lo, pois, afinal de contas, trata-se de um problema etnológico absolutamente clássico – em que medida há uma relação entre a existência do grupo e o que se pode chamar sua sacralização. Ora, penso que neste momento é extremamente visível uma tendência à sacralização de grupo, mesmo quando este se torna uma nação no sentido moderno da palavra. Eu sublinhei a que ponto o amor sagrado de pátria tornou-se um elemento de sacralização no fenômeno do Estado-nação do século XIX. Evidentemente, poder-se-ia dizer que nos Estados que preservaram relações com uma religião, como, por exemplo, os Estados muçulmanos ou o Estado judeu, há uma certa sacralização, sentida também no caso irlandês, em que conhecemos bem o papel desempenhado pelos confrontos religiosos. Mas eu falo de outro fenômeno, e não da religião em si.

Pensemos que João Paulo II, quando visita o estrangeiro, beija o solo do aeroporto onde chega, e isto para beijar o solo sagrado da pátria, a pátria das pessoas pelas quais ele espera ser recebido. Eu me divirto, porque sei que quando ele chegou à Espanha, beijou o "solo sagrado" da Espanha, mas esqueceu-se de fazê-lo no "solo sagrado" da Catalunha e no "solo sagrado" do País Basco, o que lhe valeu alguns rancores, reservas e ressentimentos, mesmo entre os católicos. Reconheçamos, portanto, que estamos longe de viver em um mundo totalmente racional e que a sacralização de grupo é ainda um fenômeno importante a ser considerado.

Uma segunda questão para a qual dirijo minhas reflexões sobre a questão nacional é o fenômeno da identidade. Dá-se, hoje, muita importância à noção de identidade individual, que é matéria da psicanálise. Em que medida na identidade individual pode-se reconhecer um lado de identidade coletiva? Penso que esta é a questão a ser estudada. Você me perguntou sobre a importância dos elementos culturais. É evidente que têm uma importância fundamental. Em uma identidade, há a interiorização de toda uma experiência cultural. E, como dizia, há este problema do sentimento de superioridade ou inferioridade de um tipo de cultura. Estou persuadido de que entre croatas e sérvios há relações entre uma parte que visivelmente se crê superior à outra, acrescidas de motivos ao mesmo tempo religiosos e históricos. Isto tem um papel na identidade de cada indivíduo em relação à coletividade adversa, e é evidente que os fenômenos históricos propriamente ditos, sobretudo do passado recente, podem ter o papel de renovar a cada instante estes sentimentos.

É provável que a divisão entre sérvios e croatas tenha ocorrido no contexto de 1940, quando os croatas foram envolvidos pelo campo hitleriano, ficando em contato com a cultura do Império austro-húngaro, que se acreditava superior em relação aos sérvios. Infelizmente, essa ruptura evidenciou-se, pois não há correspondência entre eles no nível cultural e moral ou político. Atualmente, na Croácia e na Sérvia, deve haver ainda resquícios desta oposição que chegou ao terrorismo. A ideologia dos dirigentes croatas, por exemplo, deixa claro traços que devem ser relacionados a fenômenos de superioridade-inferioridade de classes.

Para finalizar, eu diria que fenômenos nacionais não devem ser tomados como fenômenos políticos de um momento específico. É preciso, antes de mais nada, tentar vê-los como fenômenos universais, fenômenos psicológicos profundos aos quais, além disso, adaptam-se circunstâncias históricas dadas e influências de desejos de potência. (1992)

Formas do conhecer histórico

Sua questão começa por uma afirmação que parece admitir como fato consumado a diferença entre a história que se pratica hoje e a que se praticava por volta de 1900, na época do positivismo. Fico feliz de pensar que esta convicção você a tenha adquirido no tempo em que trabalhávamos juntos em Paris. Mas gostaria muito de saber se após tanto tempo – um tempo já muito distante em que você trabalha no longínquo Brasil – a atmosfera que reina em seu país e a bibliografia lá utilizada permite-lhe conservar uma convicção tão sólida quanto a de antigamente.

Com exceção do mundo hispânico, não estou muito a par da produção americana, e mesmo o que se publica em Paris, nos últimos anos, tem-me passado despercebido. As impressões que lhe darei são, portanto, muito superficiais. São reflexões de um velho homem que observa seu tempo por vezes com irritação, por vezes divertindo-se. Retomarei, portanto, um momento – por ele responder bem a sua questão – que chamarei de retorno ao positivismo.

Quando do bicentenário da Revolução Francesa, durante um certo tempo, nas livrarias de Paris, ouvia-se apenas um comentário: a visão da Revolução Francesa foi totalmente transformada, basta comprar o livro de François Furet, *La France de 1770 à 1880* e o *Dictionnaire de la Révolution Française*. A primeira destas obras afirma claramente voltar a uma história puramente política e ideológica, e o *Dictionnaire* dá-se ao luxo – verdadeira provocação – de sequer mencionar o nome de Ernest Labrousse em sua bibliografia. Devo dizer que a publicidade feita em torno dessas duas obras, muito rapidamente, pareceu-me não ter alcançado sucesso, pois o Congresso do Segundo Centenário da Revolução, presidido por Michel Vovelle e Jean Nöel Jeanneneh foi digno, no seu conjunto, do espírito de Ernest Labrousse. De qualquer forma, a coleção de *Histoire de France*, da qual faz parte a obra de François Furet, foi publicada sob a direção de René Rémond;[17] acaba de sair, de autoria de Emmanuel Le Roy Ladurie,[18] sobre a França de Luís XIV, um livro que se afirma na linha de François Furet, apesar de muito menos dogmático, e, como disse, no México, um discípulo de Furet introduziu na história contemporânea um verdadeiro retorno à história – complô. Estas minhas observações têm apenas o objetivo de matizar o que você disse a respeito da superação da história tradicional. Fica muito claro que um certo número de historiadores procura nos reconduzir a ela, fazendo-o sob o signo de Raymond Aron, nome que figura no título de seus institutos. Consequentemente, não se podem negligenciar essas manifestações de retrocesso.

Nesse sentido, acho muito importante observar a evolução de uma instituição à qual fui muito ligado e que você conheceu muito bem, a École des Hautes Études en Sciences Sociales. Hoje, ela tem esse nome, é totalmente independente e é um grande empreendimento, com 125 *directions d'études* e muitos centros de pesquisa anexos; portanto, um êxito. Mas, eu me refiro à origem da instituição, no início dos anos 50, quando Lucien Febvre deu-me a honra e a amizade de seu convite para dela participar. A instituição chamava-se então Sixième Section de l'École Pratique des Hautes Études. Ela havia sido criada quase um século antes por Victor Duruy, para instalar ao lado da Sorbonne – instituição de ensino – um quadro aberto à pesquisa e à reflexão sobre a pesquisa. Ora, a Sixième Section ainda que se chamasse Sciences Économiques et Sociales, não havia jamais funcionado, e isto parece ser um sintoma importante de que os juristas e os economistas não consideravam a possibilidade da reflexão sobre o método e a pesquisa. Lucien Febvre decidiu aproveitar

---

17 TULARD, J., FAYARD, J. F., FIERRO, A. *Histoire et dictionnaire de la Révolution Française*. Paris: Robert Laffont, 1987.
18 LE ROY LADURIE, E. *Histoire de France* – L'Ancien Regime. Paris: Hachette, 1991. v.3.

esta abstenção para instalar historiadores – os melhores dentre eles – nessa seção da instituição, e chamar também os espíritos mais abertos de outras ciências humanas e econômicas, tanto as novas quanto as mais antigas. Não se tratava, de forma alguma, de confundir ou contrapor as diferentes ciências humanas, mas sim de pedir aos historiadores que se iniciassem no espírito destas diversas ciências e, a estas, que adquirissem um pouco de espírito histórico, recolocando-se nas perspectivas do passado.

Creio que este espírito foi durante muito tempo respeitado, apesar da morte precoce de Lucien Febvre, em 1956. Fernand Braudel, algumas vezes, deixou-se tentar um pouco pelas modas – eu penso no estruturalismo –, um pouco pelo exemplo de instituições estrangeiras – penso na América –, mas, enfim, quando você esteve entre nós,[19] o espírito geral da Escola era ainda este, ou seja, a história era, ao mesmo tempo, *enserguée* e *ensergnante*, *inspirée* e *inspiratrice*. Esta situação durou enquanto os historiadores estiveram na presidência e na direção da Escola, sobretudo até a gestão de Jacques Le Goff, pois, com a presidência de François Furet, nos anos 70, as coisas mudaram um pouco.

No curso dos anos 80, Pierre Nora dirigiu, pela Gallimard, a publicação de várias obras de história da melhor qualidade e muitas coleções orientadas. Penso, por exemplo, num volume muito importante que registra o que ele chamou de "ego-história"[20] de alguns historiadores que conhecemos bem. Além dessa interessante iniciativa, houve também esta coleção que marcou época intitulada "Les lieux de mémoire", em que são estudados textos, canções, momentos etc., essenciais para se compreender a memória francesa. Foi uma iniciativa que me interessou muito, que aplaudi e que, de certa forma, é bem o espírito da história total.

A história da *Sixième Section de l'École Pratique des Hautes Études* é extremamente ligada ao que chamam Escola dos *Annales* e é sobre ela que gostaria de falar.

---

19 O professor Vilar refere-se aos anos 1975 a 1980.
20 NORA, P. (Org.) *Ensaios de ego-história*. Lisboa: Edições 70, s.d.

A palavra "Escola" parece significar que há uma doutrina ensinada e imposta por mestres. Ora, não foi, de forma alguma, o que se passou em torno da revista dos *Annales*. Essa revista simplesmente pediu aos historiadores – dentro do espírito da síntese histórica, já inaugurado no início do século – que se ocupassem das sociedades em geral, tanto de suas bases materiais quanto de seu coroamento intelectual, sentimental e ideológico, e que olhassem se existem, entre esses três níveis, relações a estabelecer, problemas a resolver. Jamais uma recomendação foi feita pelos *Annales* para que se tratasse dessa ou daquela maneira um problema colocado. Havia, é verdade, grandes mestres. Devo falar, com toda sinceridade, da admiração sem restrições que devotei à inteligência crítica e construtiva de Lucien Febvre e da verdadeira veneração que tenho pela memória de Marc Bloch. Apesar disso, tive com eles apenas contatos esporádicos. Quando precisavam do meu trabalho, pediam-me contribuições sobre um tema ou outro: no início a geografia, depois a história conjuntural, a história dos preços. No fundo, eu fui antes de tudo um seguidor de Ernest Labrousse, Simiand por intermédio de Labrousse, enfim, pessoas que a revista não considerava como mestres apesar de acompanhar tudo o que produziam. O nome que sempre nos foi dado como exemplo de historiador que realiza sínteses foi o de Henri Pirenne.

Ocorre que os *Annales* foram conhecidos, sobretudo, por suas exclusões. Talvez nesse terreno a verve cáustica de Lucien Febvre tenha dado provas de certos exageros. Por exemplo, em relação a Charles Seignobos, Louis Halphen e, obviamente, Albert Mathiez. No entanto, quando os *Annales* acolheram de braços abertos Georges Lefebvre, discípulo de Mathiez, mostraram bem quais eram suas orientações espontâneas sobre a história da Revolução. Houve, portanto, um espírito dos *Annales*, mais que uma escola; e, sobretudo, jamais existiram "capelas". Sei bem que, no curso dos anos 50, formou-se um certo culto à personalidade, em torno de Lucien Febvre. Os discípulos mais entusiastas iam vê-lo em seu apartamento da rua do Val de Grâce ou na sua cidadezinha de Franche-Conté. Eu jamais pertenci a esta corte, mas devo dizer que quando encontrava Lucien Febvre, ele me expressava abertamente seu reconhecimento. E quando os fundadores da Sixième Section de l'École Pratique des Hautes Études escolheram seus três primeiros colaboradores, designaram Jean Meuvret, Charles Bettelheim e eu. A única coisa que tínhamos então em comum era uma certa abertura de espírito e uma certa originalidade de pesquisa e eram as únicas coisas que nos pediam. Fiquei particularmente chocado recentemente com o resumo feito por um autor alemão de um de seus recentes livros. Ele explicou a existência nos *Annales*, nos cursos dos anos 30, de artigos etnológicos sobre o Tirol como uma aventura passageira de Lucien Febvre. Considerei isto espantoso, pois, mais ou menos na mesma data, foram-me pedidos artigos de pura geografia sobre a Espanha. Ou seja, esta abertura dos *Annales* a outras disciplinas fazia parte de suas características, e procurar para isto outras razões parece-me uma vingança da *petit histoire*. Além disso, existe em torno da Escola dos *Annales* toda uma atmosfera ideológica que faz parte da história de nosso tempo.

Há uns dez anos, uma historiadora soviética publicou uma obra bastante volumosa sobre a história da historiografia francesa contemporânea. Ela teve a amabilidade de enviar-me seu livro. Por não saber russo, só pude consultar a construção dos capítulos e a bibliografia. Confesso que fiquei bastante impressionado, pois me pareceu um trabalho sério. Não pude julgar diretamente o conteúdo, mas amigos que conhecem o idioma ajudaram-me a fazê-lo. Ora, os *Annales* levaram cinco anos para publicar uma resenha desta obra e confiaram-na a um sociólogo emigrado de um país do leste que, naturalmente, não lhe descobriu nenhuma qualidade. É que a obra, se bem a compreendi, opunha os *Annales* de Marc Bloch e de Lucien Febvre ao que os *Annales* se tornaram depois de um certo tempo, em particular sob a liderança de Fernand Braudel, a quem atribuía responsabilidade pela influência americana. Este último traço era certamente ditado por alguns preconceitos ideológicos da autora. Mas o que chocava visivelmente o autor da resenha era o inverso, ou seja, o fato de ela atribuir a Marc Bloch e Lucien Febvre uma grande revolução no pensamento histórico e uma revolução aparentada ao marxismo.

Em 1990, houve em Moscou uma mesa-redonda entre historiadores e sociólogos soviéticos e ocidentais. Não creio que tivesse possibilidade de ir, mas, sobretudo, não creio que tivessem interesse em minha presença, pois, na atmosfera atual, é evidente que se quer separar completamente o marxismo da Escola dos *Annales*. O curioso é que, há muito tempo – talvez desde a origem dos *Annales* –, em todo o pensamento francês que eu chamaria, *grosso modo*, reacionário, a identificação da Escola dos *Annales* ao marxismo tem sido constante. Foi publicado um tipo de livro-panfleto, sem grande importância, mas, enfim, divertido, em que a *Escola* é apresentada como uma Igreja com um papa, arcebispos, bispos e um teólogo, classificação a mim atribuída. Isto me divertiu, pois ao menos obtive a vantagem de não ser colocado entre os poderes. Mas, colocar-me como teólogo significava que, por dizer-me marxista, a Escola dos *Annales* inteira deveria sê-lo.

Evidentemente, havia má intenção nesta publicação, em que o próprio Lucien Febvre foi classificado como admirador do totalitarismo stalinista por ter constatado a amplitude da construção soviética em algum de seus momentos. Uma inadequação que Lucien Febvre sempre recomendou não se fazer: o julgamento do historiador como julgamento dos juízes do inferno. Para mim, enquanto os *Annales* conservarem como subtítulo e como proposição a sequência economia-sociedade-civilização, não perderemos o parentesco com o marxismo. O problema, portanto, consiste em saber se as correntes que nela (revista *Annales*) se inspiraram permanecem fiéis ao espírito de seus fundadores. Em um número ainda recente e sob a forma de um verdadeiro manifesto, Jacques Le Goff, que é, sem dúvida, o mais importante historiador responsável pelo espírito da revista, colocou a questão: "somos fiéis ao espírito de nossos fundadores?".

Tenho uma velha amizade por Jacques Le Goff uma amizade de primogênito, bem entendido, pois ele é da geração posterior à minha – e uma sincera admiração por sua obra – desde as grandes sínteses da Idade Média ocidental feitas por ele aos trabalhos menos abrangentes, mas sempre tão extraordinariamente sugestivos, sobre as relações entre fato econômico e fato religioso, até o atual projeto da biografia de São Luís, que nos apresentou recentemente em uma reunião e que me deixou verdadeiramente encantado.

Porém, não estou completamente de acordo com Le Goff em suas considerações metodológicas. Na mesma reunião em que nos apresentava tão maravilhosamente seu "São Luís", disse estar reticente quanto à noção de história total por ser ela – segundo ele – um somatório de vários métodos. É absolutamente inexato. A história total, tal como a entendo, é uma combinação entre as análises de diversos fatores.

Por outro lado, Jacques Le Goff dirigiu uma publicação, que já tem duas edições, chamada *A história nova*,[21] e as palavras "nova história" tornaram-se moda em determinado momento. É precisamente esta noção de moda que me inquieta. "Nova história" soa como anúncio de uma nova coleção de inverno ou verão. Não é assim que devemos conceber a metodologia histórica. Não faremos a história das mentalidades, do imaginário, da economia matemática apenas porque estas coisas estão em moda.

Pensar historicamente, pensar a evolução da humanidade, isto deveria ser essencial para a formação intelectual, o que, provavelmente, aparece como muito perigoso para os poderes estabelecidos e as ideologias dominantes. Não obstante, o que chamei "espírito dos *Annales*", "espírito de história total" parece estar presente hoje nas preocupações do ensino secundário, ao menos na França. Estou pensando, especificamente, em uma revista como *Historiens et Géographes*, que informa nossos colegas do secundário.

Também no campo da pesquisa, houve em Paris, nestes últimos anos, reações por parte de jovens historiadores. Um deles, François Dosse, publicou um livro bastante explosivo, significativamente intitulado *L'histoire en miettes*.[22] Tive oportunidade de felicitá-lo, mas com uma ressalva, que, aliás, peço a você que também leve em conta: gostaria que os jovens historiadores que desejam um retorno a uma história total, compreensiva, explicativa, deem-me obras realizadas nesse sentido. Pensem desta maneira sem se perderem em considerações de tipo metodológico, em querelas com tal ou tal

---

21 LE GOFF, J. *A história nova*. São Paulo: Martins Fontes, 1990.
22 DOSSE, F. *A história em migalhas.* Dos Annales à Nova História. Campinas: Ensaio, Unicamp, 1992.

tipo de pensamento. Deem o exemplo, em vez de preocuparem-se em dizer o que seria uma reflexão desse tipo.

Em diálogo com Althusser, eu o criticava por discutir o método histórico, citando os nomes de Febvre, Labrousse e Braudel como uma simples menção, entre parênteses. Hoje, onde estão aqueles que, há vinte anos, só falavam por meio do teoricismo de Althusser? Esse diálogo foi publicado na coleção "Faire de l'histoire", pela Gallimard, sob a direção de Pierre Nora.[23]

No quadro das preocupações que acabo de expressar, o caso de Nora, aliás, é particularmente interessante. Ele é uma grande inteligência, um bom historiador, tem todos os títulos universitários necessários, ensina na École des Hautes Études. Mas tem também um outro papel muito importante, o de dirigir, nas Edições Gallimard – a mais prestigiosa casa editora no campo intelectual em Paris – todas as publicações concernentes às ciências humanas. Basta ver o catálogo das obras para se ter ideia da orientação de um Pierre Nora e de seu significado social extremamente interessante.

Ora, Nora publicou, em sua própria coleção "Faire de l'Histoire", um importante artigo, sobretudo para o assunto que estamos discutindo, intitulado "Le retour de l'événement". Você sabe que a Escola dos *Annales* foi frequentemente qualificada de *antiévénementielle*. Que dizia Pierre Nora? O evento adquiriu, atualmente, uma nova importância em razão de sua repercussão pelos meios de comunicação, totalmente transformados em mídia de alcance mundial. Pouco tempo depois, o historiador americano Herbert Southworth publicava seu extraordinário estudo sobre o evento de Guernica (1975) e no Prefácio que escrevi para este livro lembrei o que havia dito Nora, ou seja, o evento pode ter tido uma importância relativa, mas o que desencadeou no mundo foi, evidentemente, essencial. De outro modo, talvez este fato tenha tido mais significado como revelação do que pensava o mundo ou do que se queria fazer o mundo pensar. Não sei se Nora concorda com esta ideia. Enviei-lhe o livro, mas jamais o vi fazer qualquer tipo de comentário. O que quero dizer é o seguinte: o problema do evento, no caso de Guernica, apresentava características muito específicas.

---

23 LE GOFF, J., NORA, P. *História. Novos objetos*, v.3, 1988.

Não estou seguro de que Pierre Nora não tenha, no fundo, uma tentação de retorno ao fato. Nas publicações posteriores, por ele patrocinadas, podemos ver uma certa volta ao estado de espírito de 1900. Por exemplo, na coleção *Les lieux de mémoire*,[24] obra composta em vários volumes, sobre a maneira como a França se representa a si própria por meio de seus monumentos, suas canções, seus textos preferidos, achei extremamente interessante tudo o que foi feito pelos colaboradores, mas as conclusões de Pierre Nora sobre o fato nacional assemelham-se às de Ernest Lavisse,[25] a grande admiração de sua vida. Em uma apresentação que fez de seu livro na École des Sciences Politiques, afirmou que o historiador, diante de um fato como o sentimento nacional, devia esquecer, negligenciar as contribuições de um Durkheim, um Freud, um Marx. Isto provocou a oposição – que me agradou – até de Michelle Perrot, que, naturalmente, ficou chocada, sobretudo pela eliminação de Freud da análise de um profundo sentimento comum como o nacional, acrescentando que, mesmo Marx não poderia ser negligenciado, pois, enfim, uma nação se divide em classes sociais. Existe, portanto, uma tendência à volta do *événementiel* e do nacional, no antigo sentido da palavra, tendência que foi retomada pela última obra de Fernand Braudel, *L'identité de la France*.[26]

Com relação a formas de abordagem da história, vou apresentar, muito resumidamente, algumas possibilidades.

Pode-se escolher, por exemplo, um território de qualquer natureza: um Estado, uma região geograficamente típica, ou até mesmo uma simples região administrativa, desde que ela apresente características físicas e administrativas suficientemente fortes para configurar uma unidade possível de ser observada. Em seguida, observa-se o que se apresenta no recorte feito, e esse olhar deve perdurar por um tempo bastante longo. Aí, também, temos uma necessidade, a da fixação dos limites temporais, que, uma vez realizada, possibilitará a observação das relações do homem com a

---

24 NORA, P. (Org.) *Les lieux de mémoire*. Paris: Gallimard, 1984.
25 Ernest Lavisse – 1842-1922. Historiador francês.
26 BRAUDEL, F. *A identidade da França.* Espaço e história. Rio de Janeiro: Globo, 1989.

terra no tempo escolhido. É preciso constituir uma geografia, mas, por meio das inovações e desenvolvimentos técnicos, vê-se que as relações entre o homem e a terra se modificam, criando situações históricas novas. No processo de adaptação destas situações aparece, antes de mais nada, o fato social: que classes sociais são dominadas, quais as dominantes, quais as que produzem, quais as que organizam, estas últimas trazendo a possibilidade da observação não apenas das características políticas do espaço estudado, mas também a dos eventos que se passam na sequência do cotidiano político. Tudo isto deve constituir uma forte unidade, a reflexão expressando análise e síntese simultaneamente.

 Uma segunda maneira de abordar a história pode ser o exame de um evento, que não seja, evidentemente, apenas pontual. Quando tentei tratar, em um pequeno e modesto volume, *A guerra da Espanha* entre 1936 e 1939,[27] trabalhei com um evento; porém, tratava-se de três anos de guerra civil, apoiada mundialmente por forças exteriores, o que configura um conjunto, ou seja, um fato que ultrapassa muito a noção de um evento puro. Nesse caso, reencontramos um discurso do meu tempo de infância, o que nos fala de causas, fatos e consequências. Evidentemente, é preciso que a noção de causa seja uma noção global que examine, simultaneamente, os fatos sociais, psicológicos, internacionais e o conjunto do mundo em torno do evento estudado. Em outras palavras, é preciso olhá-lo na sua totalidade, o que não quer dizer – é preciso que se diga – incorporar ao estudo da Guerra da Espanha, por exemplo, a Segunda Guerra Mundial, que é outro tipo de problema e de uma outra escala, mas sim, voltar-se para o próprio interior do evento, que passa a se definir pelo olhar que lançamos sobre ele, olhar a um só tempo social, psicológico, político. Não nos esqueçamos do olhar humano, pois seria absurdo simular indiferença ou neutralidade, já que toda obra é constituída também pelas tendências profundas do autor, o que já é um fato a ser estudado, pois a visão que se tem das coisas pode ser analisada, tanto quanto as coisas em si. É isto que venho há muito tempo chamando objetividade. Creio que a única objetividade é aquela que o próprio autor percebe e dá a perceber.

---

27 VILAR, P. *A guerra da Espanha*. São Paulo: Paz e Terra, 1989.

Há, enfim, uma terceira forma de se abordar a história. Penso que esta lhe interessa particularmente, pois foi a que escolheu quando colocou o problema da noção de populismo, por meio do exemplo de Vargas no Brasil. Trata-se da análise de um problema social, um problema de psicologia coletiva, visto a partir de um olhar que percorre a sociedade de sua base a seu cume e coloca-o em comparações internacionais.

A última parte de sua última questão, no seu espírito, era certamente a mais importante. Mas, por discrição, por delicadeza, você a deixou para o fim, e a última palavra que pronunciou foi marxismo.

Eu compreendo muito bem que todos aqueles que me conheceram, que me apreciaram e compartilharam a convicção com a qual eu dava minhas aulas, perguntam-se hoje, provavelmente com alguma inquietude: Pierre Vilar, que sempre se declarou um historiador marxista, como está vendo, como está sentindo este fim do marxismo, que é proclamado, hoje, insistentemente? É evidente que, de sua parte, não se poderia tratar de uma curiosidade puramente pessoal ou banalmente política. As preocupações, o número e a complexidade das questões provam que sua inquietação só poderia ser científica, metodológica. Vamos, então, tentar ver o que pode ter de pessoal e, digamos, de sentimental naquilo que me inspiraram os eventos recentes. Mas vejamos, sobretudo, o que um historiador pode retirar das lições do presente.

Não tenho que esconder a melancolia que me invadiu no dia em que, no alto das torres do Kremlin, a bandeira vermelha cedeu lugar à bandeira da Rússia czarista, e confesso, também, ter ficado muito chocado quando a capital do norte russo voltou a se chamar São Petersburgo e não mais Leningrado. Ainda que se pretendesse, eliminando Lenin, eliminar a ideia das violências do poder, não acho que o nome de Pedro, o Grande tenha sido particularmente bem escolhido. E, tendo conversado com pessoas que viveram sua infância na atmosfera do cerco de Leningrado, creio que há qualquer coisa de vergonhoso em apagar essa lembrança. Pode-se dizer que estou no terreno do sentimento e não do intelecto, mas, num tempo em que se fala sem cessar do simbólico, do imaginário, seria estranho não se levar em conta o que não é intelectual, o que é, em cada ser, existencial.

Há alguns anos, presenciei uma conversa entre historiadores extremamente significativa. Tratava-se da diferença que se pode estabelecer, em política, entre a direita e a esquerda. Alguns diziam que era uma distinção absurda e sobretudo superada. Ernest Labrousse interveio para dizer: "Não, a questão é essencial se a pensarmos como uma distinção entre os espíritos que espontaneamente se voltam para o passado e outros para o futuro". Certamente estas posições dependem do pertencimento social, da idade e mesmo da personalidade de cada um. Mas, seja qual for o fator explicativo, o resultado significa simplesmente estar referenciado no passado ou no futuro. No século XIX, estas tendências se nomeavam *resistência* e *movimento*. No século XX, a palavra *progressista* foi empregada, com um significado bem amplo, para designar a posição referente à noção de progresso.

No começo da década de 1950, aconteceu em Paris um colóquio, sob a égide da Unesco, sobre a noção de progresso. Para o historiador, esta noção remete à questão da evolução da humanidade, título escolhido por Lucien Febvre para sua grande coleção histórica, que define perfeitamente o terreno de pesquisa do historiador. Se estivesse no terreno da filosofia, como ironicamente me sugeriu Raymond Aron neste colóquio, ainda assim eu diria, como Jules Romains [28] que "é tão glorificante para o homem sentir-se no ápice de uma evolução quanto filho primogênito de Deus".

Entre grandes tendências que conduziram a humanidade em sua trajetória, eu distinguiria as três virtudes ditas teológicas pelo catolicismo: a Fé, a Esperança e a Caridade. A caridade, se entendida como amor pelo homem, particularmente, o amor pelos mais sofredores entre os homens, sempre teve efeitos positivos, e a esperança é algo necessário. Em contrapartida, eu condenaria firmemente a fé por ser o lado irracional, cuja presença multimilenar já assinalei e que ainda permanece, podendo levar, na história, aos Torquemada e aos Pol Pot.[29] A fé leva ao fato *crer*, fundamentalmente diferente do fato *pensar*.

---

28 Jules Romains – Escritor francês – 1885-1972.
29 Torquemada – 1420-1498. Dominicano espanhol, inquisidor. Organizador do "Santo Ofício", tornou-se símbolo do fanatismo, pela ferocidade com a qual perseguia os judeus. Pol Pot – ditador do Cambodja, de 1975 a 1978.

Meu amigo, Joseph Fontana, sugeriu algo interessante a propósito dos eventos recentes quando disse: "Hoje estamos em 1815". Esta fórmula, por si só, já supõe uma educação histórica, uma capacidade de comparações. Com efeito, transportemo-nos ao dia seguinte de Waterloo. O imperador Napoleão foi vencido, exilado. Os diplomatas reúnem-se em Viena para redefinir o mapa da Europa e esboçam uma Santa Aliança que as más-línguas chamaram logo a aliança dos reis contra os povos. Se um povo manifestasse nostalgia de 1789, como a Espanha em 1820, era reprimido pela polícia. Na França, três jovens que têm entre 15 e 25 anos consagram suas primeiras poesias a cantar os infortúnios do delfim de Luís XVI ou as esperanças do duque de Bordeaux, l'Enfant du Miracle. Eles se chamam Alphonse de Lamartine, Alfred de Musset e Victor Hugo. Depois de 1840, louvarão as tropas do Imperador sobre o Reno, os soldados do Ano II, os girondinos e a bandeira tricolor.

Invocarei, novamente – correndo o risco de ser repetitivo – a leitura de *Os miseráveis*, de Victor Hugo, sobretudo a primeira parte de seu romance, que descreve precisamente a sociedade contrarrevolucionária de 1815. Vê-se, por exemplo, um burguês parisiense enriquecido, em seu apartamento do Marais que, de tão visceralmente contrarrevolucionário, despreza os títulos de nobreza concedidos por Napoleão – apesar de, por seu estatuto de burguês, ter-se, certamente, beneficiado com esta revolução – enquanto a velha nobreza admite mais facilmente alguns deles, já que, no fundo, sua invenção foi uma espécie de homenagem prestada por Napoleão ao Antigo Regime.

Hugo descreve, ainda, esta sociedade de província em que senhoras idosas consideram seu bispo um pouco "vermelho". A palavra vermelho também deveria ser observada pelos historiadores. O bispo é um pouco "vermelho" porque ousou assistir, no dia de sua morte, um velho Convencional que só não fora exilado por não ter votado a morte do rei, mas que vive, neste tempo de contrarrevolução, absolutamente isolado, como se fosse um pestífero. Estabelece-se, então, entre o Bispo e o Convencional, um diálogo que considero como uma extraordinária lição para os historiadores. O homem do passado censura ao revolucionário os horrores da Revolução; o Convencional responde, evocando os horrores de todos os antigos regimes. Mas não é ainda este aspecto da conversa que mais me interessa, mas sim o exame de consciência do Convencional que se pergunta: "até que ponto construímos uma sociedade mais racional e homens mais responsáveis?". Esta pergunta recoloca a noção de progresso. No início dos anos 60, um grupo de alunos perguntou-me se acreditava que a história tem um sentido. Eu lhes respondi: "se não achasse, não teria passado minha vida a estudar e ensinar algo sem sentido". É evidente que, em minha resposta, brinquei com as palavras. Sentido, no espírito de meus interlocutores, significava uma direção já previsível. Em meu espírito, queria dizer simplesmente uma lógica analisável com procedimentos que se deve construir.

Mas é o marxismo que está no fundo de sua questão, e eu gostaria de me deter um pouco neste assunto.

No decorrer dos anos 60 e 70, senti-me, algumas vezes, constrangido de me dizer marxista, quando tantos se atribuíam a condição ou disputavam a palavra. Inversamente, hoje eu me constrangeria de dar a impressão de renunciar à qualificação, no momento em que ela é objeto de uma certa proibição.

Aos olhos do historiador, esta proibição é significativa, na medida em que é a expressão de uma ideologia hegemonicamente disseminada na sociedade, e não simplesmente algo formal ou imposto pelo poder. Nesse mesmo contexto dos agitados anos 60, em conferência dada em um centro de intelectuais católicos e que está publicada em um de meus livros, tentei precisar, utilizando minha experiência de historiador, a diferença entre um marxismo que seria profecia e um marxismo que seria instrumento de análise. Antes de mais nada, é preciso distinguir teoria de doutrina.

Mas você me pergunta a respeito do que chamou noção marxiana de estrutura. Concordo com a expressão *marxiana* ao invés de *marxista* até porque se diz newtoniana, freudiana e não newtonista e freudista. Gostaria de distinguir dois significados muito diferentes da palavra *estrutura*: de um lado a sucessão de estruturas na história; de outro, o funcionamento dessas estruturas e a maneira de estudá-las, o que é algo muito diferente.

Sobre a sucessão das estruturas no curso da história, não creio que Marx tenha sido o único inventor. Eu diria, antes, que se trata de uma noção que se impôs por si própria. No século X, o bispo Adalbéron [30] dizia: "a comunidade compõe-se de três partes, aqueles que a defendem, combatem e comandam, aqueles que pensam por ela e a colocam em contato com Deus e, enfim, aqueles que trabalham e alimentam a sociedade inteira".

Pode-se argumentar – até porque isto existiu, como muitas vezes assinalei – que este pensamento configura um estruturalismo totalitário, ou ainda que se trata de uma estrutura construída intelectualmente. Concordo, porém a descrição de Adalbéron é muito clara, particularmente sua última parte, que dá a impressão quase de estarmos diante de uma canção contestadora do século XIX.

Em maio de 1789, quando os Estados Gerais se reúnem em Versalhes, a estrutura está lá, não pensada, mas real: a nobreza, o clero, o Terceiro Estado. Os historiadores da Revolução Francesa que seguiram imediatamente o evento como Thierry e Guizot na metade do século XIX, admitiram esta distinção e esta transformação da sociedade de ordem em sociedade de classes. Eu não excluo Tocqueville nem tampouco Marx, que, em 1842, seguindo os debates da Dieta Renana, observa as transformações da concepção de propriedade. Portanto, a ideia de estrutura está presente, o que aponta para a necessidade de se falar com mais cuidado de uma história positivista no século XIX.

Na realidade, a história positivista é algo muito tardio, ela é do fim do século passado, e é uma invenção da sociologia alemã, que, por admiração perfeitamente legítima pela escola histórica alemã de demonstração de fatos, cria e promove a especialização como forma de estabelecê-los de maneira precisa. Nesse momento, houve uma importante invenção de história econômica na Alemanha. Outros farão excelentes histórias da cultura. Mas é esta ruptura entre diferentes ordens de fatos que pode ser chamada "história positivista". É verdade que quando cheguei a Paris para meus

---

30 Adalbéron – Arcebispo de Reims. Proclamou Hugo Capeto e sagrou-o em Reims, em 987.

estudos superiores, em 1925, Seignobos reinava ainda na Sorbonne e Langlois na École des Chartres, mas havia também geógrafos que tentavam fazer-nos pensar o mundo no seu conjunto e, na Sorbonne, historiadores da Antiguidade que faziam estudos sérios dentro de uma abordagem estrutural. Foi sobretudo na área de história contemporânea que chegamos a limitar o histórico ao diplomático, ao político, aos ministérios e Estados Maiores.

Quando eu estava na escola primária, entre 1912 e 1918, e na secundária, entre 1918 e 1924, o que estudávamos era uma história estrutural e com as mesmas periodizações aproximativas que indiquei, ou seja, diziam-nos que havia existido uma pré-história e existiam ainda sociedades primitivas; haviam existido monarquias teocráticas a serviço das quais trabalhava uma multidão de escravos. Explicavam-nos que, num quadro de pensamento mais próximo do nosso e ao qual devíamos muito, existiram cidadãos de Atenas e cidadãos da República romana, mas não nos escondiam que sob esta minoria de cidadãos existia uma massa de pessoas, nem tampouco que se considerava a escravidão como algo absolutamente normal e necessário. Em seguida nos descreviam as tribos germânicas que desembarcavam na Gália e na Espanha e estabeleciam um certo tipo de direitos que não tinham muita coisa a ver com o direito absoluto romano – o direito de propriedade privada, por exemplo. Este tipo de explicação configurava um todo que era descrito segundo fórmulas simplificadas e, sobretudo, não tão exatas como as que atribuímos a Adalbéron ou a Karl Marx.

Tentou-se, com frequência, ridicularizar a sequência marxista clássica, comunismo primitivo, escravismo, feudalismo, capitalismo e, subentendido em perspectiva, socialismo. Mas, de fato, esta sequência, salvo a última etapa, que está evidentemente em questão, impôs-se, porque existiu, apesar de ter sido negligenciada pela história positivista.

Recordo-me de uma passagem de juventude. Quando estava no Liceu Louis Le Grand para preparar o concurso da École Normal Supérieure, em 1924 e 1925, havia um professor de história, célebre por suas qualidades pedagógicas, adepto declarado da história positivista, da história-exposição de eventos. Um dia, ao devolver-me um trabalho, com muita gentileza, algumas felicitações mas alguma reserva, disse: "Senhor Vilar, por que faz uma história *à la* Guizot?". Ele não me disse "uma história *à la* Karl Marx"! Havia já uma certa interdição – mas não acho tampouco que houvesse descoberto, em meu trabalho, tendências marxistas. O que percebeu foi simplesmente uma espécie de fidelidade à história do século XIX, a história sistematizada das classes sociais e suas representações.

Em suma, eu não penso que Marx tenha sido um inventor em matéria de sistematização de estruturas sucessivas, pois isto foi descoberto muito antes dele. Em contrapartida, o que é muito novo em Marx – quero sublinhar isto – é a concepção destas sequências analisadas do seu interior, o que chamarei o modelo estrutural. O modelo estrutural de Marx é um modelo que começa na base para terminar no cume, enquanto, anteriormente, mesmo nas melhores sistematizações da história, partia-se do cume. Começava-se não somente pelos reis mas, algumas vezes, pelos deuses. Nos estudos do Egito, falava-se de Osíris, depois do Faraó e em seguida dos camponeses que cuidavam da produção do Nilo. Nos de Atenas, estudava-se, primeiro, Athena e Zeus, em seguida seus templos e o que eles representavam na *cité* grega. Começava-se pelo topo e, por causa disso, expunham-se os eventos essencialmente políticos. Inversamente, Marx mostrou que quando existem milhões de pessoas que enfrentam as realidades da terra, deve-se começar por elas. Foi o que a geografia fez muito na França: uma geografia da terra, das condições naturais, eu diria quase uma ecologia, de onde se partiu para descrever as sociedades. Por sua vez, essas sociedades são defendidas e dirigidas; portanto, é preciso que se coloque a questão das classes e dos poderes, assim como o problema – que não pode ser subestimado – das ideologias, das filosofias, das teologias, encarregadas de justificar e explicar esses poderes.

O que é característico em Marx é que ele acredita perceber lógicas no seio de cada uma dessas sociedades sucessivas. É o que ele chama modos de produção.

Pude refletir sobre esta noção de modos de produção há quatro ou cinco anos, por ocasião de um congresso para o qual fui convidado por amigos espanhóis, em Murcia, que é uma pequena e brilhante cidade do levante espanhol, do lado mediterrâneo da Espanha, ao sul de Valença. Trata-se de uma região em que o problema da água é essencial: com a água se tem a riqueza, assim como sua falta traz a miséria. Por este motivo, estuda-se muito o problema da água, e tenho a impressão – por ter visto o problema de perto – que ele permite justamente que se resumam as lógicas dos modos de produção sucessivos. Especialistas vieram nos falar de problemas de irrigação na pré-história, na Antiguidade, no mundo da Espanha muçulmana, mas só puderam trazer, por falta de fontes escritas, detalhes bastante dispersos. Em contrapartida, sobre a Idade Média cristã, sobre aquilo que se pode chamar o mundo senhorial ou feudal, temos não somente possibilidades de descrições a partir de escritos, mas também de permanências, como o famoso Tribunal de Valença, o Tribunal das Águas, onde ainda hoje, sob o pórtico da Catedral, alguns juízes de comunidades camponesas entregam seu veredicto em matéria de direito hidráulico. Trata-se de uma sobrevivência célebre, sem ser a única, e que, sobretudo, torna muito vivo algo que pode também ser encontrado nos textos.

A partir do século XVIII, vê-se surgir o capitalismo de forma quase esquemática. Graças a uma inversão de capitais, homens fazem uma barragem sobre um rio e dispõem de água que põem à venda, lucrando com as secas: a escassez torna-a mais cara. Há fenômenos semelhantes ainda hoje. O rio Segura, próximo de Murcia, é ainda explorado da mesma maneira por uma sociedade capitalista, bancária, comercial com sede em Paris.

No início dos anos 30, tive a sorte de conhecer um homem excepcional, um engenheiro espanhol, que se dizia sinceramente socialista. Para ele, o Estado deveria assumir uma transformação da natureza e uma dominação da rede fluvial espanhola, em proveito da agricultura. Suponho que ele não tivesse refletido muito sobre o que são as lógicas de um modo de produção, pois apresentou sucessivamente seus planos à ditadura de Primo de Rivera, à República espanhola em que se cruzavam, simultaneamente, teoria liberal e influências socialistas, e em seguida ao general Franco, que fez da inauguração de bacias de irrigação um tema de propaganda contínua de seu sistema político, fato que sublinha a complexidade das coisas.

A irrigação transformou a realidade espanhola. Ao sobrevoar a Espanha, percebe-se que sua fisionomia, mesmo exterior, mudou profundamente. Hoje, outras transformações técnicas da agricultura tornaram relativamente secundário o problema da irrigação na Espanha, e a agricultura, que representava a quase totalidade da economia espanhola nos anos 30, tornou-se algo relativamente secundário, como em toda a Europa. De qualquer maneira, no momento em que estávamos reunidos em Murcia, foi impressionante ver chegar pela primeira vez, à Bacia Mediterrânea, para enfrentar as secas, a água extraída na vertente Atlântica da Península Ibérica.

Penso que este problema de tecnologia deve nos inquietar. Seria preciso estudar, por exemplo, o que foi feito em matéria de trabalhos hidráulicos pelo regime socialista que reinou durante 75 anos na URSS. Lá, também, falou-se em transformações da natureza, e é certo que houve realizações impressionantes, sobre as quais eu gostaria muito de saber. Algumas são célebres por seu fracasso. Penso na evaporação do Mar de Azov por causa da irrigação das grandes zonas algodoeiras. Este é um caso de grande revés, mas seria preciso estudar o problema em seu conjunto para entender essa relação do homem com a natureza e com a técnica. Sabe-se que os ecologistas opõem ao sonho de transformação da natureza o simples respeito a ela, e, provavelmente, eles têm razão em muitos aspectos. Mas é preciso que se saiba em que condições esse respeito pode ser imposto. O filósofo francês Michel Serres[31] publicou, há pouco tempo, um pequeno livro intitulado *Le contrat naturel* (1990), que, *grosso modo*, diz o seguinte: falou-se demais em contrato social; é hora de se falar de contrato natural, de contrato do homem com a natureza. Eu lhe perguntei imediatamente: "este contrato, quem o assinará?". Na realidade, estamos diante de uma das questões fundamentais de nosso tempo, qual seja, o atraso das ciências humanas em relação às ciências físicas. Somos capazes de enviar objetos de laboratório para girar em torno de Saturno, e não somos capazes de

---
31 SERRES, M. *O contrato natural*. Lisboa: Instituto Piaget, 1994.

administrar a distribuição de petróleo entre dois países sem recorrermos à guerra. É por este motivo que a evolução humana é uma obra em aberto e a história, seu instrumento fundamental de análise. Também nesse sentido, a contribuição de Marx – sobre a qual você me interroga – continua válida, já que ele colocou na origem de todo estudo o problema das forças de produção. Há um detalhe na vida de Engels que considero bastante simbólico. Foi quando fez, no funeral de Marx, um discurso muito breve, mas no qual mencionou o fato de que acabava de realizar-se, pela primeira vez, uma transferência, a longa distância, de energia elétrica. Passaram-se apenas 106 anos desse fato e as forças produtivas nas mãos dos homens multiplicaram-se tanto que nos fascinam e aterrorizam ao mesmo tempo, pois são também forças de destruição. E o problema se coloca novamente entre força produtiva, modo de produção e conjunto dos homens, em uma palavra, as dialéticas essenciais nesse momento da história.

Há um terreno ao qual o marxismo não trouxe contribuições originais, o da demografia, que, não obstante, faz parte do estudo das forças produtivas.

Podemos pensar que, no campo da mortalidade, observam-se hoje os três flagelos que uma antiga prece evocava: "da peste, da fome e da guerra livrai-nos Senhor". A propósito da peste, havíamos acreditado que era um flagelo erradicado. A aparição da Aids mostrou que, mesmo sobre isso, só se pode prognosticar com muita prudência. A fome existe, infelizmente, em uma grande parte dos territórios da Terra. Finalmente, a guerra fez, há menos de cinquenta anos, centenas de milhões de mortos e continua fazendo dezenas de milhares, cotidianamente. Isto posto, a grande novidade técnica do século XX, no campo da demografia, é a intervenção humana voluntária na concepção, na natalidade. Sobre isso, os historiadores demógrafos trouxeram muitas contribuições, preocupando-se em distinguir o que certas mentalidades e, sobretudo, certas religiões impuseram no domínio da concepção.

Foi só recentemente, e de uma maneira, digamos, artesanal que a contracepção voluntária começou a ser praticada. Todo o problema hoje é de saber em que medida uma parte significativa do mundo apresentará realizações nesse terreno. Do ponto de vista metodológico, a demografia histórica certamente desempenha um papel importante, na medida em que é um dos campos melhor equipados em matéria estatística, e possui um modelo matemático muito superior, em geral, ao do resto da informação histórica. Eu vejo aí apenas um perigo: o de isolar a demografia do conjunto da visão dos historiadores.

Em outro momento de sua questão, você fala em dialética braudeliana da duração. Confesso que não relacionaria o nome de Braudel ao tema dos tempos históricos ou, ao menos, não o colocaria em primeiro lugar. Creio que nos trouxe algo de muito importante no domínio da longuíssima duração. Antes de mais nada, Braudel insistiu sobre o aspecto geográfico. Seu *Mediterrâneo* não é outra coisa que a presença de uma geografia contínua ao lado dos elementos históricos através de um período muito longo. Por outro lado, insistiu muito sobre a diretiva das diferentes durações, e o encontro delas. No entanto, penso que a alusão a Braudel não esclarece suficientemente tudo o que nos trouxeram – ao lado dos estruturais – os métodos conjunturais. E, neste assunto, penso que o nome a evocar é o de François Simiand.

Este sociólogo e economista do início do século começou por uma crítica muito sólida: aos historiadores chamados positivistas, nos quais ele via apenas narrativa política, aos geógrafos, em que via descrições, mas muito limitadas, e, enfim, aos economistas, que considerava restritos a cálculos matemáticos e equações. Simiand insistiu na importância, de um lado, das reconstituições de estatísticas, inclusive no campo dos preços, e, de outro, das descrições de curto prazo, como movimento de salários, movimento de preços comparados. Trata-se de um método que foi utilizado e historicizado sobretudo por Ernest Labrousse. Esta conjunção do aspecto estrutural com o aspecto conjuntural, é uma conquista, e permanece muito atual. Vemos hoje os jornalistas americanos e a opinião pública perguntarem-se frequentemente sobre a duração da recessão nos Estados Unidos. Estamos, pois, plenamente no terreno conjuntural e esta alternância de conjunturas me parece uma das verdadeiras conquistas da historiografia.

Na realidade, é a própria conjuntura que influi sobre a história das conjunturas. A preocupação com este tempo histórico surgiu, sem dúvida alguma, das dificuldades dos anos 30; como se sabe, a teoria geral de Keynes é de 1936. De outro modo, é verdade que os trinta gloriosos anos após a Segunda Guerra Mundial, por darem a impressão de um movimento quase contínuo de desenvolvimento, ocultaram um pouco a conjuntura curta, que reaparece, no entanto, com os problemas contemporâneos, como, por exemplo, o do petróleo.

Estrutura, conjuntura, Marx, Simiand. Você reconhece aí, certamente, porque me conhece muito bem, minhas velhas preocupações. Eu ia dizer minhas manias! Como você me pediu uma visão pessoal da história, ou melhor, do método histórico, fui obrigado a colocar-me ou recolocar-me em questão. (1992)

Algumas obras de Pierre Vilar

Histoire de l'Espagne. Paris: PUF, 1947.
Le Manual de la Companya Nova de Gibraltar: 1709-1723. Paris: École des Hautes Études en Sciences Sociales, 1962.
Crecimiento y desarollo. Economía e historia. Reflexiones sobre el caso español. Barcelona: Ariel, 1964.
La Catalogne dans l'Espagne moderne: recherches sur les fondements économiques des structures nationales. Paris: Flammarion, 1977.
Assaigs sobre la Catalunya del segle XVIII. Barcelona: Crítica, 1980.
Ouro e moeda na história. 1450 -1920. São Paulo: Paz e Terra, 1981.
Une histoire en construction: approche marxiste et problématiques conjoncturelles. Paris: Seuil, 1982.
Hidalgos, amotinados y guerrilleros. Pueblo y poderes en la historia de España. Barcelona: Crítica, 1982.
Estad, nació, socialisme. Estudis sobre el caso espanyol. Barcelona: Curial, 1982.
Iniciación al vocabulario del análisis histórico. Barcelona: Editorial Crítica, 1982.
Economía, derecho, historia. Barcelona: Ariel, 1983.
La Guerre d'Espagne: 1936-1939. Paris: PUF, 1986.
Sobre 1936 y otros escritos. Madrid: VOSA, 1987.

2 Michel Vovelle

História e representação

Você tem razão em constatar que a história das representações coletivas adquiriu atualmente uma importância considerável e que constitui, sem dúvida, uma das transformações mais marcantes da nova historiografia. Temos a ilustração disso por meio de uma série de novos campos de investigação, seja em história moderna, que tem estado frequentemente na vanguarda nestas pesquisas metodológicas, seja em história contemporânea.

Penso que a palavra representação traduz uma espécie de mutação de uma história ontem focalizada numa abordagem que se pretendia objetiva sobre realidades percebidas como tal. Uma história econômico-social ou demográfica que caracterizava o grande período labroussiano, ou seja, a história elaborada, nos métodos de Simiand a Labrousse – cito Simiand porque é a história que conta, mede e pesa – e que tem por ambição chegar à percepção e à avaliação de uma realidade nas suas estruturas e nos seus movimentos. Há aproximadamente 30 anos, iniciou-se uma espécie de evolução que se traduziu, em parte, mas não unicamente, no quadro da história das mentalidades, e que substituiu esta ambição de objetividade e de mensuração por uma crítica e uma exigência.

Uma crítica, na medida em que se reprovou a essa herança da história social ou econômica – mas também a aspectos da história política – o fato de ser esterilmente descritiva e de introduzir uma espécie de morfologia social que não resultava em explicação. Esta foi a aventura de toda uma geração, como se pode perceber pela trajetória de pessoas tão diferentes como Maurice Aguillon e Pierre Chaunu, que se propôs colocar a história em outro nível de interrogação, o terceiro nível, segundo sua definição. A exigência veio ligada à consciência dos limites da historiografia antecedente. A partir daí, desejou-se ir mais longe na percepção daquilo que dinamiza a atividade humana, buscando-se, além dos traços, dos objetos, as explicações mais profundas que os motivam. Esse contexto levou os historiadores a uma pergunta fundamental, qual seja, o que os homens fazem de sua história, essa história que, segundo Marx, é feita sem que seus agentes saibam que a estão fazendo? Foi, portanto, a ambição de ir mais longe que conduziu ao estudo deste universo de representações coletivas e de atitudes diante da vida, diante da morte, diante do amor, diante de todos estes aspectos que constituem o que hoje se tem dificuldade de identificar, mas que se pode exprimir por meio do termo "imaginário coletivo". Isto, do meu ponto de vista, teve como efeito extremamente positivo a enorme ampliação dos territórios do historiador. Creio que existe nisso mais que um fenômeno de moda; novos territórios estão realmente aparecendo.

Apesar de tudo – vou datar historicamente esta ressalva – há um certo número de perigos. No que se refere aos campos que me são mais familiares, como a história da Revolução Francesa, em que me encontro atualmente, o que me impressiona em particular é a regressão, senão absoluta ao menos relativa, de domínios como os da história econômica, da história social ou demográfica, e a proliferação de investimentos – eu o digo, mas participei disto – em aspectos da história muito genericamente chamada de cultural ou das mentalidades. Tem-se a impressão que o interesse do historiador não é mais a pesquisa de uma realidade, mas do "olhar sobre". Estamos atualmente num período do estudo do olhar sobre o olhar, abordagem que dá a sensação de desfazer toda uma parte da trama do discurso histórico. (1992)

História e cultura

A segunda questão é a do relativismo na história. Você formulou-a a partir do problema da cultura e da importância atual da história cultural definida em sentido amplo. Creio efetivamente que essa evolução, da qual participamos, teve o efeito de um contato ampliado com outras disciplinas. E, para mim, é incontestável que essa contaminação, esse contato com a antropologia histórica foi um dos eventos que prepararam e facilitaram essas novas prospecções. A história cultural, tal como se pratica atualmente, tende a englobar o que os primeiros descobridores, os pioneiros – penso em Mandrou ou Duby – reuniram sob a rubrica de história das mentalidades. Creio que há, atualmente, uma crise de identidade da história das mentalidades e uma espécie de retomada, no interior mesmo desse campo, do cultural ou das culturas. As razões disto estão, provavelmente, na consciência, por parte dos historiadores, da insuficiência ou do caráter limitado das respostas até então dadas ao estudo dos comportamentos, das atitudes e das representações, e no desejo de desvendar uma complexidade do real no nível dos comportamentos individuais ou sociais.

Você me pergunta até que ponto os objetos mais pontuais, os chamados microobjetos, podem dar uma sensação de relativismo.

Este é um outro aspecto, mas que é, efetivamente, uma consequência da multiplicação destes objetos de estudo. Entraríamos no tema de uma "história em migalhas", sobre a qual se falou recentemente e que foi evocado por esse ensaio de François Dosse[1] que provocou escândalo por seu aspecto um pouco iconoclasta mas que, para mim, tem um valor sadiamente provocador. É verdade que a multiplicação destes campos de estudo ou destes temas de curiosidade ligados a estas novas histórias levou à implosão do sonho de uma história totalizante ou globalizante, que fora não simplesmente o fruto de um reducionismo mais ou menos marxista, mas, certamente, também o sonho de Fernand Braudel e da Escola dos *Annales*.

---

1 DOSSE, F., op. cit., 1992.

É bem esta ideia de unificar os diversos e de trazer esquemas históricos globalizantes ou totalizantes que estava na base da abordagem, digamos, da primeira ou segunda geração dos *Annales*. E, incontestavelmente, chegamos, nos novos *Annales* – mas não só nos *Annales* –, a esta espécie de esfacelamento dos campos históricos a respeito dos quais se poderia até ironizar: há a história do vestuário, a história do odor, a história da água, ou seja, esta multiplicidade de histórias das quais eu diria paradoxalmente que o traço comum seria o de não tê-lo. Vale dizer, de ser cada uma destas histórias movida por uma dinâmica própria ou, em resumo, por causalidades internas. Sobre isso, poderia reencontrar, evidentemente, o eco das minhas discussões, sempre cordiais, com meu velho amigo Philippe Ariès, quando trabalhávamos em paralelo sobre a história da morte, e eu lhe questionava o fato de fazer uma espécie de evolução autodinâmica de representações coletivas sobre a morte, o que chamei de história sobre "suportes de ar". Evidentemente, a partir do momento em que cada uma destas histórias obedece a suas próprias dinâmicas ou finalidades, é todo um projeto histórico que desmorona, com os aspectos positivos que isto pode comportar, quer dizer, uma diversificação, um enriquecimento, mas também, com um obscurecimento da percepção e a constatação da pluralidade dos mundos históricos, que se torna uma espécie de confissão de impotência diante de uma história que não tem mais lógica própria. Nesta evolução, reflete-se incontestavelmente, senão o desmoronamento, ao menos o questionamento dos esquemas explicativos dos quais o marxismo tinha sido a expressão mais formalizada. Não há mais "todo sobredeterminante", para usar o vocabulário althusseriano, e a partir do momento em que o condutor socioeconômico entendido como modo de produção desapareceu, tem-se o sentimento de que cada um tenta fabricar ou mesmo praticar seus próprios modelos. Modelos muito diversos. Eu guardei a lembrança do último Congresso Internacional de Ciências Históricas, em Madri, quando, no confronto sobre um dos grandes temas que estavam sendo tratados, "Reformas e Revoluções", vimos historiadores americanos, mas também franceses, proporem suas próprias soluções. Para os americanos, era *gender*, um termo muito difícil de traduzir em francês, mas que é a releitura – para dizê-lo um pouco caricaturalmente – do movimento da história a partir da luta, não mais de classes, mas de sexos. Outros propunham uma leitura a partir do corpo. Portanto, temos a impressão de assistir a tentativas frágeis e inconcluídas de reencontrar essa espécie de coerência perdida, para a qual não se deu um substituto.

Esta questão toca-me muito também no campo da história da Revolução Francesa, no tipo de transformação que houve no quadro dos estudos em torno do Bicentenário. Sobre as ruínas da história social, assistiu-se a essa espécie de reabilitação do político, mas de um político que é concebido tendo sua dinâmica própria, tendo suas fontes e suas explicações na ordem mesma do discurso. Portanto, creio que vivemos uma fase, uma sucessão de situações, que me contento em constatar, mas que traduz, indubitavelmente, um momento de agitação profunda da historiografia. (1992)

Mídia e história

Estaríamos vivendo uma ruptura radical da qual a revolução nos meios de comunicação seria um sintoma e, ao mesmo tempo, um agente perigosamente eficaz? Ao que aparece como uma evidência incontestável, gostaria de colocar, senão uma reserva, ao menos uma prudente nuança. O tema da aceleração da história pode ser mistificador se for visto sem precaução, pois, na realidade, ele não é novo: desde o começo do século, e mesmo antes, foi grande a tentação de se contrapor à continuidade de uma sociedade estável ou mesmo imutável, segundo o mito de uma "história imóvel", cara a Emmanuel Le Roy Ladurie, a crença vivida por cada geração de que tudo começou ontem ou mesmo hoje. Seria desconhecer a realidade do movimento no processo de civilização, cuja ruptura revolucionária do fim do século XVIII é uma boa ilustração, e não a primeira...

Uma vez tomada esta precaução, pode-se dizer que vivemos hoje um dos grandes elementos da explosão de novas tecnologias e das transformações sociais que as acompanham, uma mutação importante em suas implicações culturais, através dos meios de comunicação, dos suportes de difusão da informação e do saber e da constituição ou mesmo manipulação da opinião, mutação comparável àquela trazida pela invenção da imprensa no fim da Idade Média. Mundialização da informação, triunfo da imagem sobre a escrita, questionamento não somente de uma cultura livresca, mas dos valores pedagógicos trazidos por ela.

A sociedade de consumo, o investimento sobre o instante representaram os estertores definitivos deste século XIX prolongado que havia sido definido como o século da história. Temos ainda necessidade dela, num tempo que proclama seu fim sobre as ruínas das ideologias, das filosofias da história e do progresso, noções que nos haviam norteado até muito recentemente? Esta imersão no instante é acompanhada de uma erosão das formas herdadas da memória. Memória das sociedades tradicionais, de transmissão oral durante muito tempo veiculada pela família e pela comunidade, hoje evanescente, em um ocidente em que o universo camponês do mundo rural se encolhe cada vez mais e a coabitação intergerações não está colocada na cidade moderna. Mas sabe-se, também, que esta memória, longe de ser um patrimônio inerte ou um tesouro que se deva preservar, como o fizeram eruditos e folcloristas do século passado, é também e sobretudo uma recriação contínua, muito mais flexível do que se acreditou, reflexo da imagem que cada período cria do passado.

O gigantesco esforço pedagógico que ocorreu na França e em outros lugares, no fim do século XIX, foi o vetor da aquisição de uma cultura básica (ou mais sofisticada, para uso das elites), em que a história, por sua força cívica, teve um lugar essencial. A geração de Jules Ferry, seguida por Ernest Lavisse, contribuiu para forjar na França várias gerações de alunos.

Essa pedagogia, que foi a de uma burguesia triunfante, segura dela mesma, e preocupada em compartilhar seus valores (que não eram medíocres e tinham suas raízes na herança da Revolução Francesa), sem dúvida não é mais a nossa: os valores democráticos foram, por vezes, comprometidos e desfigurados pelos desvios nacionalistas, a divisão imperialista do mundo, a instrumentalização mistificadora do ideal republicano a serviço de uma filosofia do controle social.

Uma certa cultura de base se desvanece, em um tempo em que a ênfase na importância dos conhecimentos científicos e tecnológicos parece colocar em desuso a pesada bagagem de um passado que se tornou importuno.

Dessa regressão, poderíamos dar, na França, uma ilustração significativa a partir do episódio recente da celebração do Bicentenário da Revolução de 1789. Sondagens feitas diretamente com o público testemunham a erosão profunda de um *corpus* de conhecimento, ontem considerado como elementar, de atores e fatos marcantes do evento fundador e, mais ainda, a banalização que confina à indiferença os valores conquistados – liberdade, igualdade, fraternidade; nossos avós cantavam todas as estrofes da *Marseillaise*; minha geração lembrava-se de três; quantas das nossas crianças conhecem a primeira? No *hit parade* dos personagens ilustres, os clichês se cristalizam: Lafayette, caracóis na cabeça, seguido de Luís XIV e, no fim da lista, Robespierre, encarnando o personagem ingrato responsável pelo Terror.

No entanto, notemos – voltaremos a isto – que, para 70% dos franceses, 1789 continua sendo apreciado positivamente, mesmo se a maioria dentre eles tenha absolvido Luís XIV... Simpatia apreciável em um contexto historiográfico, amplamente propagandeado pela mídia, em que o *slogan* de François Furet, "A Revolução acabou", acertou o alvo, tranquilizando a todos, e em que se viu ressurgir, a partir da renovação do tema do genocídio franco-francês, um velhíssimo discurso contrarrevolucionário que acreditávamos esquecido.

Neste momento, e a partir deste exemplo, convém interrogarmo-nos sobre o que traz de novo a civilização da mídia para nossa relação com a história e com a memória.

O balanço do Bicentenário, tal como foi traçado pelos pesquisadores e percebido pelo espectador médio algo informado, é, seguramente, aflitivo. Parece ter se estabelecido entre criadores, divulgadores culturais e políticos um sentimento de vergonha de reviver velhas paixões. A escolha deliberada de circunscrever ao ano de 1989 a celebração do decênio revolucionário permitiu passar em silêncio – ou quase – os eventos ulteriores, do nascimento da República à experiência democrática do Ano II, para melhor exorcizar lembranças importunas. Dir-se-á que isto não é propriamente novo, pois, há um século, a Terceira República oportunista não procedeu diferentemente. Mas, na França do Bicentenário, o grande cerimonial parisiense, vitorioso, à sua maneira, do 14 de julho de 1989, ilustrou essa recusa da história, considerada fora de moda, em favor de uma projeção tão generosa quanto mistificadora, na antecipação do segundo milênio. O grosso das realizações fílmicas e televisadas, assim como uma parte da abundante literatura de vulgarização, suscitada por esse mercado comercialmente rico, ilustrou uma imagem vulgarizada em todos os sentidos do termo, de uma evocação reduzida ao anedótico, complacente com as novas ideias recebidas.

A este balanço, que pode parecer severo, é preciso acrescentar algumas atenuações, extrapolando o exemplo francês. Em contradição aparente com o quadro de uma sociedade sem referenciais históricos e, por isso mesmo, vulnerável a todas as manipulações, aparece a necessidade de uma demanda coletiva de história, não simplesmente como apoio, mas como convite à compreensão.

Há alguns anos (20 ou 30? Toda precisão seria ilusória) estamos diante de uma reivindicação identitária, de dimensões impressionantes, em nossas civilizações liberais ou não. A emergência do fenômeno *Roots*, em 1976-1977,[2] nos Estados Unidos, é um exemplo gritante dessa realidade. A América do *melting-pot*, operando uma virada espetacular, descobria, a partir de sua comunidade negra – logo imitada, embora mais modestamente, pelas outras, a começar pela comunidade judaica – uma diversidade que passa pela pesquisa de uma identidade enraizada na história. Seguindo trajetórias ao mesmo tempo comparáveis e bem diferentes, a velha Europa trabalhou pela busca de identidades no interior de seus Estados-nação.

Em reação contra o Estado centralizador – do qual se dá, às vezes, uma imagem excessivamente mitificada, como, na França, com o tema do "jacobinismo" revolucionário – uma reivindicação identitária se torna clara do Oeste à Occitania, para não falar da

---

2 *Roots:* livro do americano Alex Haley que se transformou em documentário seriado para a televisão nos EUA. O seriado teve enorme sucesso, tendo sido divulgado internacionalmente. No Brasil, o livro foi traduzido com o título de *Negras raízes* e publicado pela Editora Record.

Córsega, com o renascimento do interesse pelas línguas regionais e a reconstrução de um passado revivido por meio de seus costumes, seus usos, suas liberdades reais ou sonhadas. Favorecidas pela descentralização, atualmente em prestígio, essas reivindicações legítimas se inscrevem no âmbito histórico por um renascimento de toda erudição local, às vezes adulterada pela preocupação turística em promover uma imagem de marca, mas que não se reduz a esse aspecto. Uma aspiração democrática que se exprime pela vitalidade do movimento associacionista, pela busca de novas solidariedades, anuncia-se. O exemplo francês não está isolado em um espaço em gestação que sonha com uma Europa de regiões a substituir aquelas dos Estados-nação.

Este movimento, e estaríamos errados em subestimar sua importância, assume sua ambiguidade. As raízes redescobertas, assim como as fabricadas, não são, de forma alguma, futilidades remissíveis a um folclore em desuso; elas têm seus prolongamentos políticos e sociais. Percebe-se ao mesmo tempo tantos aspectos positivos quanto possíveis desvios. A memória refabricada pode ser um meio de preparar, em velhos potes, novas bebidas surpreendentes, misturas inquietantes. No oeste da França, a Vendeia, "região-memória", como é definida, sobre a base do passado trágico das guerras civis da época revolucionária, atrai multidões de turistas para o local do Puy du Fou, onde um espetáculo de som e luz, sofisticado e decorado com todos os artifícios das novas mídias, exalta o passado aprazível de um "mundo que perdemos", aquele do Antigo Regime, evocado como a idade de ouro da har-monia comunitária sob a égide protetora dos senhores e da religião, estragado pela intrusão selvagem da modernidade revolucionária. Modernidade das técnicas de comunicação a serviço de uma ideologia passadista...

Estas considerações devem-nos conduzir, para concluir esse tema, à inquietação sobre a responsabilidade atual do historiador nesse contexto em que ele não dita mais as regras do jogo, apesar de certas aparências que podem nuançar o quadro que tracei, como, por exemplo, o sucesso das obras históricas respondendo a uma demanda coletiva e, mais ambíguo, o *star system* (modesto) que faz de certos historiadores parceiros apreciados da televisão nas suas emissões culturais. É preciso que este sucesso seja sempre de bom quilate. Nos Estados Unidos, na ocasião do Bicentenário da Revolução Francesa, a mobilização dos historiadores tradicionalmente interessados nesse tema ficou como que eclipsada pelo sucesso do *best-seller* de Simon Schama,[3] que deu a uma opinião pública reaganiana a imagem de sangue e de terror apropriada ao reconforto de suas certezas conservadoras.

Na França, é flagrante a fissura entre uma historiografia erudita, que mantém continuamente seus debates e polêmicas, e uma infraliteratura que veicula os clichês de um discurso metodológico e ideologicamente tradicional. Falta-nos – para ficar nesse tema da Revolução, que me é caro, mas que é também particularmente revelador como experimento de verdade – esta serenidade confiante que, no início do século, fez um dos pais fundadores dessa disciplina, Alphonse Aulard, escrever: "Para compreender a Revolução Francesa é preciso amá-la". O problema é, pois, duplo, senão triplo: encontrar uma pedagogia aberta que, recusando dogmatismo e vulgatas, convide à interrogação e à compreensão em razão dos grandes desafios de nosso tempo; assegurar sua difusão em um sistema midiático que lhe é globalmente refratário; e, enfim, amenizar as angústias de uma sociedade atualmente inquieta e desorientada pela crise das ideologias, mas para a qual o historiador, sem assumir o personagem de guru que legitimamente sempre recusou, tem o que dizer. O que não é uma tarefa fácil. (1995)

A dimensão psicológica da história

Estudar o fator psicológico é estudar a mentalidade? Creio que não se pode estudar a mentalidade sem levar em conta os fatores psicológicos. Simplesmente, o comentário que eu gostaria de fazer é que, enquanto historiador das mentalidades, sempre fui desconfiado em relação à psico-história.

---

3 SCHAMA, S. *Cidadãos*. Uma crônica da Revolução Francesa. São Paulo: Companhia das Letras, 1989.

Há cerca de uns dez anos, passei um ano nos Estados Unidos. Como todos os conferencistas, percorri vários campus onde, obviamente, pediam-me para falar da história das mentalidades. A questão mais recorrente colocada pelos estudantes e pelos pesquisadores era sobre a psico-história. Eu ficava muito constrangido em respondê-la, na medida em que não é, afinal de contas, um campo que tenhamos abordado diretamente na escola francesa de história das mentalidades, ou ao menos na maior parte dela. Lembro-me de discussões com Marc Soriano,[4] autor da tese sobre os contos de Perrault, um dos introdutores da análise psicanalítica na reflexão histórica, e alguém que muito me estimulou a entrar neste campo de investigação.

Do ponto de vista de geração – tal como fomos formados, tal como foi nossa trajetória –, passamos da história social labroussiana – que conta, mede e pesa – a esta nova demanda, a esta interrogação em termos de mentalidades. Mas sempre preservando, nela, este estatuto de *fine pointe* da história social. A partir daí, coloca-se o problema de considerar com muito cuidado a preocupação tanto com a psicologia individual quanto com a coletiva.

Parece-me evidente que a psicologia individual tem seu papel a desempenhar – e nada negligenciável – no comportamento dos atores sociais e, parece-me também que esta multiplicação atual de estudos de caso, certamente um dos aspectos mais inovadores das pesquisas relativamente recentes, ilustra esta preocupação com o peso e o papel da psicologia individual não somente no nível dos atores de "primeira linha" mas também destes desconhecidos da história, destes heróis anônimos, aparentemente atípicos, mas cuja aventura, e por vezes mesmo a patologia, pode ensinar mais que pesquisas maciças e quantificadas.

Penso no que nos pode trazer Carlo Ginszburg, com seus personagens coletivos ou individuais, como Menochio.[5] De minha parte, sempre me esforcei em considerar as duas extremidades da

---

4 SORIANO, M. *Les contes de Perrault.* Culture savante et tradition populaire. Paris: Gallimard, 1977.
5 Michel Vovelle se refere à obra de GINSZBURG, C. *O queijo e os vermes*. São Paulo: Companhia das Letras, 1987.

cadeia. De um lado, quantitativista convicto, pois creio que a abordagem quantitativa é um dos meios de romper o silêncio das massas; de outro, mais de uma vez cedi à tentação do estudo de caso, seja a partir de um marceneiro jacobino de Aix-en-Provence, de quem descobri um mausoléu com o epitáfio "jacobino maçom" e que tentei fazer falar, seja no estudo sobre Théodore Desort, o poeta de Robespierre, autor do hino ao "Ser Supremo", que acaba internado por Bonaparte no asilo psiquiátrico de Charenton. Portanto, creio verdadeiramente que, pelo viés do estudo de caso, pode se chegar a reunificar as abordagens do coletivo e do individual ou, ao menos, esclarecê-los um pelo outro. Porém, passar no nível daquilo que Philippe Ariès chamou "inconsciente coletivo" deixa-me hesitante, na medida em que as abordagens ou as demonstrações feitas sobre o inconsciente coletivo – penso, por exemplo, nos estudos de Alain Besançon – de forma alguma me convenceram. A objeção que faria – e é provavelmente uma rusticidade de minha parte – é de que o inconsciente coletivo se inscreve no quadro daquela história sobre "camadas de ar" que reprovei em Philippe Ariès. Confesso que me sinto muito mais à vontade, no que concerne ao manuseio dos termos, em falar de imaginário coletivo, por ser menos comprometedor. Neste caso, temos a impressão, a partir das abordagens trazidas por Duby e alguns outros, de nos encontrarmos sobre um terreno mais sólido. (1992)

Identidade coletiva e história

Sobre o problema da identidade coletiva, pode-se dizer que entramos em plena fase, em pleno período "identitário". Trata-se de uma constatação. Não se pode escapar disto. Um pouco incrédulos no início, assistimos às reivindicações de identidade nascerem e afirmarem-se, para finalmente crescerem a tal ponto que, hoje, não se lhes pode avaliar as dimensões.

O ano em que passei em Princeton, nos Estados Unidos, foi o da publicação do já mencionado *Roots* – 1976-1977. Ficamos impressionados – através do olhar que é possível um estrangeiro ter de um país – com a importância do fenômeno *Roots* na imprensa, na televisão, no rádio, ou seja, com o surgimento, no *melting-pot* americano, desse tipo de reivindicação sobre a qual um judeu nova-iorquino nos fez o seguinte comentário: "Vocês verão, nós, judeus nova-iorquinos vamos, em breve, apresentar também nossa reivindicação identitária". O que, aliás, foi feito. Com tudo isso, ao retornar à França, já estava preparado, pelos anos de 1976-1977, para compreender melhor reivindicações ou preocupações dos fenômenos de identidades coletivas – tais como apareceram em particular no universo occitânico, no qual eu vivia na época – como um dos componentes não negligenciáveis de percepção das realidades históricas.

Outra forma de conhecer este fenômeno é por meio mesmo da abordagem e da evolução dos pesquisadores que o estudaram. Em dezembro último, participei da banca de tese do colega de Toulouse, George Fournier, um dos redatores, com Robert Laffont, da *Histoire d'Occitanie*. Seguindo a sucessão de seus artigos, de suas produções, de seus trabalhos, pude tomar consciência, de forma mais precisa, da evolução desta problemática que resultou em um tipo de revisão mais realista – ou ao menos mais próxima dos métodos da sociologia política – do estudo das comunidades em sua evolução, dos fenômenos culturais engajados e desvencilhados de resíduos reivindicativos. Então, penso que a partir daí um diálogo se torna mais fácil e mais natural, podendo-se encarar de maneira mais serena o problema das identidades coletivas. Isto não quer dizer que todos estes problemas estejam resolvidos ou perto de sê-los. Tomando minha própria produção: acabei um trabalho que está no prelo nas Editions de la Découverte, cujo título é *La découverte de la politique,* com o subtítulo La géopolitique de la Révolution Française,[6] em que, partindo de uma abordagem cartográfica maciça, confronto, justaponho, correlaciono 300 mapas de diferentes naturezas: antropológica, demográfica, econômica, política ou religiosa, e tento ver como se opera esta espécie de modelagem de um espaço coletivo com seus contrastes, suas oposições, portanto, com suas identidades. A identidade do *Ouest* contrarrevolucionário, a

---

[6] VOVELLE, M. *La découverte de la politique.* La géopolitique de la Révolution Française. Paris: La Découverte, 1992.

identidade do *Midi* revolucionário e depois contrarrevolucionário e a identidade desta França jacobina – o centro da França, do Morban ao Limousin – que se manteve até hoje. E diria que, ao mesmo tempo, tenho o sentimento de assistir ao nascimento e à elaboração de realidades de longa duração, e mesmo de longuíssima duração, pois, ao fim e ao cabo, os mapas do período revolucionário antecipam muito diretamente os da sociologia política e religiosa da França atual. Nesse caso, tenho a impressão de estar diante de realidades de longa duração, já que mergulham suas raízes no período pré-revolucionário; porém, a explicação só pode ser dada por uma combinatória de elementos que associam heranças de um tempo longo, condicionantes geográficos e antropológicos e a dialética entre tempo longo e tempo curto, na medida em que é no quadro do evento que se reflete a maturação *à chaude* de elementos que já estavam presentes na evolução da longa duração antecedente. (1992)

O retorno da história política

O tema, hoje banalizado, do "retorno do político" envolve uma constatação indiscutível, mas muitas mistificações. Ele suscita uma abordagem em dois níveis: o da historiografia, que me é mais familiar, e uma reflexão sobre seu significado mais profundo em nossas sociedades atuais.

Na produção histórica, sobre a qual falarei principalmente a partir do campo da historiografia moderna e da Revolução Francesa, a constatação é inegável. Minha geração, ou seja, a dos historiadores que tinham 20 anos nos anos 50, foi formada nas disciplinas, então hegemônicas, da história econômica e social.

Foi a história que nos ensinou Ernest Labrousse, uma história exigente no apelo aos métodos da quantificação e no estabelecimento de séries na longa duração, o tempo curto da crise e uma análise precisa das estruturas sociais. Essa hegemonia deve ser recolocada, em uma perspectiva mais longa, como um dos aspectos da revolução historiográfica cujo mérito cabe, em boa parte, entre as duas guerras, à Escola dos *Annales,* cujo subtítulo Economias, Sociedades, Civilizações era, por si mesmo, um programa elaborado a partir da ruptura com uma certa herança da história política positivista, aquela que os pais, fundadores dos *Annales*, quiseram exorcizar por meio da história factual, não sem alguma crueldade.

Entretanto, mais que pela dinâmica própria de extensão das curiosidades e dos "territórios" do historiador, pode ser legítimo explicar estas transformações, como o fez Pierre Chaunu, com quem concordo nesse ponto – uma vez não faz um hábito – pelo fato evidente de que todo historiador expressa, conscientemente ou não, as interrogações de seu tempo.

O primado da história econômica e social e o declínio correlato da história política inscrevem-se no pós-crise dos anos 20, no tempo do *New Deal* ou dos planos quinquenais dos soviéticos. Trata-se assim de contextos nos quais o debate ideológico entre liberalismo e marxismo fornece a argumentação e testemunha, diretamente ou não, a influência do pensamento marxista nesses decênios. É forçoso admitir que esta história, vitoriosa no pós-guerra até o fim dos anos 60, ampliando sua problemática do político ao social com ambiciosas propostas, conheceu então um revés ou mesmo uma crise, senão em cifras absolutas de estudos, ao menos em peso relativo, e o abandono de alguns importantes redutos labroussianos, no contexto de uma história "em migalhas" que renuncia às ambiciosas sínteses totalizantes.

Sobre essa crise, já me posicionei várias vezes, o suficiente para não voltar aqui a todos os seus aspectos. De qualquer forma, vale a pena refletir sobre como, a partir de uma certa data, a explicação privilegiando o primado dos fatores socioeconômicos perdeu terreno ante a contestação, logo vitoriosa na França, feita por Roland Mousnier e seus alunos, substituindo o estudo das relações de classe pelo esquema da sociedade de ordens e de hierarquia e o estudo do cultural e simbólico pelo socioprofissional.

Da mesma forma, já evoquei as recaídas dessa crise que viu toda uma parte das equipes, formada na escola de Labrousse, reorientar seu campo de pesquisas para o terreno da história das mentalidades, deslocando a história social de sua posição, por vários decênios hegemônica: interesse de vários historiadores – e eu estou entre eles – em alargar o campo da história social por meio do estudo das representações coletivas, objetivando captar de forma mais abrangente a complexidade do real, sem por isso renunciar a seus pressupostos iniciais, o que pode ser lido como uma evolução ou um desvio saudável.

Mas, no espírito da questão que me foi colocada, é conveniente insistir sobre um outro aspecto dessa crise: a já mencionada reabilitação do político, que se operou paralelamente e elegeu um campo de atuação significativo no quadro da historiografia revolucionária produzida a partir dos anos 50. Nas escolas anglo-saxônicas, a corrente chamada "revisionista" encontrou seus primeiros porta-vozes, a começar por Alfred Coblan na Inglaterra, contestando a explicação socioeconômica da Revolução Francesa – herança recebida da tradição jacobina, de Jaurès a Georges Lefebvre e Albert Soboul – para reafirmar o caráter não necessário mas contingente da transformação revolucionária e, sobretudo, seu caráter essencialmente político. Discurso amplamente aceito – não somente na historiografia anglo-saxã – que tem como ponto de partida a crítica ao conceito de revolução burguesa (a burguesia rejeitada no seu papel de motor e mesmo na sua existência no fim do século XVIII), uma ideia que se enriquece no velho continente pelo recurso à teoria das elites definida a partir de critérios culturais, associando nobres e plebeus em uma mesma ideologia compartilhada. Transformada, a partir de 1965, na França (*La Révolution Française*, de F. Furet e D. Richet), em uma vulgata e, posteriormente, em um "catecismo" superado, a leitura jacobina e criptomarxista do fenômeno revolucionário encontra-se, a partir de então, em posição defensiva, sem que seus defensores (Albert Soboul) tomem sequer consciência imediata da importância desse fenômeno. Havia, incontestavelmente, nessa crítica da explicação social da Revolução em nome de uma reavaliação do político, além de uma provocação, afinal de contas fecunda, pelos questionamentos que implicava, uma injustiça flagrante, pois Soboul, em sua magistral síntese sobre o movimento popular dos *sans-culotte* parisienses do Ano II,[7] apresentou uma análise não somente social mas eminentemente política de suas relações com o poder revolucionário, por meio de sua ideologia e de suas práticas.

---

7 SOBOUL, A. *Les sans-culottes parisiens en l'An II*. Paris: Seuil, 1968.

Ocorre que, neste terreno sensível, a evolução dos últimos decênios, e mesmo dos últimos anos, acentuou, de maneira espetacular, a passagem do "todo social de ontem" (ao menos daquilo que remete ao social em última instância) ao todo político de hoje. A evolução das teses de François Furet de 1965 a 1978 (*L'atelier de l'histoire*),[8] e outras, são testemunhas disso.

Negligenciando as massas, o historiador visa às elites para demonstrar que na origem dos desvios "totalitários" da Revolução inscreve-se uma ideia falsa ou uma ilusão perniciosa, a da soberania popular, tomada da ideologia rousseauniana, difundida nas sociedades de pensamento antes de ser vivida de maneira trágica na prática do jacobinismo. Para tanto, é ao discurso político, aquele dos atores mais importantes e dos teóricos e assembleias, que ele se dirige, prestando uma atenção privilegiada ao estudo, revisitado, da historiografia do século XIX, de Edgar Quinet a Augustin Cochin, passando, é verdade, por Marx, utilizados como corretivos à "vulgata" jacobino-marxista acusada de ter congelado e travestido a realidade dos desafios reais da Revolução. Uma nova história política se desenha; uma história que se quer conceitual em relação à alegada rusticidade das explicações recebidas, história que não requer quase nada de injeção de matéria nova a partir de estudos empíricos, uma vez que a explicação já foi encontrada, portanto, uma história que corre o risco de se erigir em nova vulgata e de se tornar tão dogmática, à sua maneira, quanto o discurso que quis exorcizar.

Todavia, essa abordagem "furetista" do político, ainda que por seu sucesso esteja colocada em posição hoje dominante, não somente na historiografia internacional, mas na mídia, numa conjuntura que reteve da mensagem de François Furet a palavra de ordem tranquilizadora "A Revolução acabou", não é a única forma de um reinvestimento no político manifestado na escola francesa; há também o sucesso de uma abordagem filosófica das ideias e conceitos fundadores desse período crucial que vai das Luzes ao episódio revolucionário. Que se coloquem nas posições da escola revisionista para partilhar suas conclusões ou que dela

---

8 FURET, F. *A oficina da história*. Lisboa: Gradiva, s.d.

se diferenciem, os autores se referem à herança rousseauniana, à filosofia kantiana ou à genealogia da filosofia do direito natural, de Locke a Mably e aos autores e atores revolucionários que tiveram a responsabilidade de tentar passar essas ideias aos fatos durante o período revolucionário.

Analisam-se as "noções/conceitos" – igualdade, fraternidade, patriotismo e ideia nacional – que têm como base a visão de mundo dos revolucionários. Nesses estudos, o suporte das novas técnicas da análise do discurso pelos métodos emprestados da linguística traz uma contribuição notável, com os resultados que não podem ser subestimados.

Inscreve-se numa perspectiva às vezes diferente o notável investimento sobre o imaginário, sobre o simbólico, mais próximo, em certos aspectos, das preocupações da história das mentalidades ou das representações coletivas, muito pouco apreciado por François Furet na sua abordagem abstrata e conceitual, mas que não escapa, na sua dinâmica, a Mona Ozouf, atenta à "transferência de sacralidade" que, pelo viés da festa revolucionária, representou o episódio.

Nesse contexto, pode-se falar hoje de um declínio da história econômica e social no campo da pesquisa? Importantes trabalhos – teses e investigações – foram e continuam a ser feitos (Denis Woronoff sobre a siderurgia, Guy Lemarchand, Bernard Lepetit, Gérard Jesserme sobre a sociedade rural) e testemunham uma vitalidade real, mesmo se, em importância relativa no fluxo da produção, seu lugar tenha sido reduzido, e a história econômica, a exemplo da história demográfica, tenda a tornar-se a especialidade de pesquisadores altamente qualificados, fechados em seu território. Julgamento excessivo para alguns dentre eles: a herança labroussiana de uma abordagem ao mesmo tempo social e política do fenômeno revolucionário não está obsoleta. De minha parte, em minha recente obra, à qual já me referi, *La découverte de la politique. Géopolitique de la Révolution Française*, tentei mostrar, a partir de um estudo sobre o modo como os anos revolucionários forjaram um espaço político novo, a necessidade de considerar as duas extremidades da cadeia; da Revolução "vista de baixo", a partir de práticas coletivas que remetem à combinatória dos parâmetros geográficos, econômicos, antropológicos e culturais, à passagem das expressões e comportamentos propriamente políticos. Apologia de uma história total do episódio revolucionário, esperança de uma reação saudável ao movimento pendular atual que suscita a falsa alternativa entre o social e o político.

Para sair do campo fechado dos embates sobre a Revolução Francesa, convém assinalar que, se o retorno do político é aí particularmente espetacular, não se define exclusivamente a partir daí: ele foi apontado pelos politólogos (René Remond e outros) como uma das características notáveis da historiografia atual, tanto em história contemporânea quanto nos períodos mais antigos.

Por ser evidente e irrefutável, a explicação pela contestação do esquema explicativo marxista – amplificada e oficializada pela falência das revoluções do século XX e das experiências do "socialismo real" – corre o risco de ser insatisfatória. Complementar e concomitantemente, inscreve-se a crise do político e, mais continuadamente, da democracia nas sociedades liberais atuais, impondo uma reflexão nova sobre seus fundamentos e suas práticas em uma sociedade que toma consciência dos processos de despolitização, ligados à crise de confiança no funcionamento das instâncias da democracia burguesa, em correlação ao ressurgimento de ideologias antidemocráticas e de integrismos de todas as espécies.

Essa "nova ordem mundial", tal como se apresenta neste momento, não parece apta a proclamar com muita segurança o fim da história, como o fazem alguns louvadores do liberalismo hoje, quando proclamam o fim dos grandes movimentos sociais que foram, através dos séculos, um dos motores da história.

A recente obra de François Furet sobre "o fim da ilusão comunista", apesar dos balanços irrefutáveis que traz, parece nos reconduzir, na explicação dada às revoluções do século XX e seus desvios, a uma historiografia estranhamente tradicional, que esvazia o social para valorizar o contingente, o aleatório, o papel das personalidades. Atingem-se, neste caso, os limites de uma reflexão que se recusa a interrogar-se sobre o futuro, ainda que o autor admita que o sonho de mudar o mundo encontrará formas de expressão, muitas vezes inquietantes, sobre as ruínas do ideal das Luzes, substituído durante um tempo pelo marxismo.

Mas, o mundo, como está, como diria Voltaire, não está bem. Ele interroga os historiadores como interroga todos os que se inquietam com o futuro de nossas sociedades, recusando toda explicação parcial, expressão da conjuntura de um momento. (1995)

Questão nacional

O conceito de nação não conta hoje com grande prestígio. A crítica a ele dirigida certamente não começou ontem, mas foi inaugurada à luz da experiência trágica dos grandes conflitos mundiais ou locais do século XX, que evidenciaram os malefícios do nacionalismo, um dos desvios mais graves do conceito de nação, exacerbados pelo choque dos imperialismos no apogeu do sistema capitalista, triunfante desde o fim do século XIX até muito pouco tempo atrás ou, quem sabe, até hoje. Nutrida de referências a valores novos e, ao mesmo tempo, muito antigos – a etnia, a raça, eventualmente a religião... –, a nação é invocada como referência suprema na Europa e no resto do mundo, do Islã à América, por movimentos conservadores que nela se abrigam para condenar a democracia em nome de uma visão estática e retrógrada da identidade coletiva.

Conflitos como os que assolam a ex-Iugoslávia ou, de maneira geral, a Europa Central e Oriental, pelo seu estilo parecem nos remeter, estranhamente, ao fim do século XIX e início do XX, e recolocam em causa divisões ou reagrupamentos, saídos tanto do fim da primeira quanto da segunda guerras mundiais, que revelaram cruelmente um caráter arbitrário e falsificador.

De outro modo, a África inteira também contesta, à sua maneira, a herança das fronteiras herdadas – e reconduzidas – da antiga colonização.

Seria conveniente, então, como o faz Yves Marie Calvez (*Révue Études*, 1991), livrarmo-nos definitivamente dos Estados-nação "obsoletos que marcaram a história por sua violência"? Vozes que se querem de esquerda associam-se a esta condenação severa. Jacques Julliard, no *Nouvel Observateur* (verão 1990), em uma "carta aberta ao que a Europa do século XXI inquieta", denuncia as "pulsões neonacionalistas" dos *petits blancs*, isto é, as classes populares ameaçadas de reproletarização extrema que reagem sempre reafirmando sua identidade racial, linguística, cultural...

Simplificando bastante, poder-se-ia dizer que a nação, conceito e realidade encarnada nos Estados-nação, devolvida a sua historicidade de estrutura dominante no século XIX, encontra-se hoje atacada pelo alto e por baixo. "Por baixo", a centralização estatal e, de maneira geral, a construção de uma unidade imposta – fenômenos na França, atribuídos, não sem algum exagero, à herança "jacobina" da Revolução e à Terceira República – estão sendo contestadas em nome da reivindicação de identidades regionais, denunciando os processos de submissão e de desconstrução cultural que lhes foram impostos, postura que, em uma sociedade em busca de referenciais e de "raízes", reflete uma mentalidade nova. Fora da França, em uma Península Ibérica abalada pelos problemas basco ou catalão, em uma Itália contrastada demais para viver confortavelmente sua unidade de norte a sul ou em uma Bélgica que sequer está segura de ser verdadeiramente uma nação, o problema é carregado de tensões ainda mais pesadas. A solução estaria em uma reconsideração de um espaço político que se tornou (ou permaneceu) inadequado, para chegar a uma Europa de regiões que minimize o lugar do quadro nacional?

Tudo isso nos leva, por transição direta, ao questionamento "pelo alto", tal como anunciei anteriormente. Essa postura recusa a Nação que existe por considerá-la inadaptada ao quadro de uma economia mundial em que as trocas comerciais, a produção controlada pelas empresas multinacionais, os movimentos da finança mundial, os novos sistemas de comunicações e as transferências culturais por eles facilitadas extrapolam largamente os limites nacionais, tornados muito estreitos. Isto se inscreve também no político, num tempo em que o marco da nova ordem mundial sob a égide americana substituiu o enfrentamento dos blocos de meio século de guerra fria. Nesse novo dispositivo, a mundialização desejada ou temida pelo receio legítimo de uma hegemonia esmagadora – do poderio americano, do capital financeiro ou das multinacionais, o que, de certa forma, é a mesma coisa – acelerou a tomada de consciência crescente desde o fim da última guerra mundial, da necessidade de instâncias supranacionais, particularmente na

Europa. A Europa passa a ser vista como o destino das nações do velho continente, sua tábua de salvação diante da concorrência americana ou asiática, o meio de administrar e mesmo resolver seus conflitos...

Não há dúvida de que não tentarei abordar todo esse dossiê imenso que atrai a atenção não apenas dos políticos. Essa Europa tem seus adeptos nos meios patronais e financeiros, seus defensores convictos trabalhando para o surgimento de uma estrutura política supranacional na qual veem um avanço na grande aventura do progresso humano, o que mascara os aspectos defensivos de uma atitude temerosa tanto da invasão sul-norte dos excluídos da nova divisão mundial, quanto da hegemonia americana. Esta evolução apresentada como necessária e desejável impõe questionamentos e concessões da parte dos Estados-nação: na economia regulada pelo mercado mundial e financeiro, o sacrifício dos ramos não competitivos; na agricultura e na indústria, as consequências sociais da "revisão que rebaixa o contrato social" em nome dos imperativos da concorrência; enfim, no domínio político, em que novas instâncias introduziram duas novas noções, o princípio do direito da ingerência nas relações internacionais e do subsídio às legislações nacionais e a definição do domínio reservado aos estudos para tudo que escape à regulamentação supranacional.

Essa revolução apresentada como pacífica suscita uma forte oposição, que não pode ser reduzida a um passadismo que defende privilégios e atitudes reacionárias, últimos resquícios da era dos nacionalismos. Uma oposição "de esquerda" faz-se ouvir, mesmo fragilizada pelo colapso resultante da derrota dos sistemas do socialismo real, da ideologia do internacionalismo proletário, que foi a grande esperança do fim do século XIX e uma parte do XX.

Denunciam-se os perigos da nova ordem mundial, sua impotência em administrar os conflitos do novo ou do antigo estilo que renascem, o princípio da submissão às leis do mercado capitalista, as recaídas devastadoras do sistema tanto no plano social quanto político e cultural, sobre o qual, aliás, é colocada ênfase. Trata-se do fim programado das identidades nacionais?

A França goza de uma excepcionalidade decorrente de uma aventura coletiva enraizada em uma história de longa duração que engendrou, a partir do episódio fundador da grande Revolução, uma cultura política, práticas democráticas, enfim, todo um sistema de valores que se recusa a trocar pela humilhação de uma homogeneização que conduz a uma real regressão em vários aspectos. Para a Europa das nações, habituar-se à Europa das regiões é aceitar avalizar e acentuar os desequilíbrios em proveito dos polos dominantes, o mito liberal de um progresso coletivo fundado sobre a concorrência.

O problema da nação, nesse contexto atual, toma, assim, a amplidão de um desafio fundamental. Na evolução de longa duração, que fez a humanidade passar das tribos às cidades-estado, das cidades-império da Antiguidade aos principados feudais substituídos e absorvidos pelas monarquias da idade clássica, culturas nacionais elaboraram-se por estratificações sucessivas, reformuladas quando da passagem do feudalismo ao capitalismo, no quadro das nações modernas, com seus aspectos positivos, como a experiência da democracia e o revés dos enfrentamentos nacionalistas.

Ao gigantesco desenvolvimento das forças produtivas, que marca o fim do século XX, convém, indiscutivelmente, dar uma nova resposta que impõe uma reflexão de fundo sobre o quadro nacional. Mas se se quer evitar tanto a *tábula rasa* da nova ordem mundial quanto o retorno da xenofobia recalcada, dos conflitos interétnicos, dos integralismos religiosos, a solução não é, como a reivindicação determina hoje, conservar nações ricas em patrimônio e cultura em nome de um ideal ainda a se realizar, reconduzindo à imagem travestida dos nacionalismos ("A verdade é que não são de forma alguma as nações as inimigas do homem, mas o fascismo" – Dragon), mas conservá-las em nome do ideal elaborado pelo humanismo das Luzes, formulado pela Revolução Francesa, de agrupamento de povos soberanos mas fraternais, unidos em torno de valores compartilhados de liberdade e igualdade real. É neste sonho, seguramente bem distante, que pode residir a verdadeira alternativa à atual desordem mundial. (1992)

Formas do conhecer histórico

Você me interroga sobre a construção de um novo conceito de tempo. Trata-se de um tema sobre o qual tive – há algum tempo – de mergulhar, já que, no volume da *Nova história*, dirigida por Jacques Le Goff,[9] ele me havia dado a tarefa, um pouco pesada, de tratar a longa duração vinte anos após o célebre artigo de Braudel[10] sobre a mesma questão. O que significou, evidentemente, investir-me de uma grande responsabilidade.

Eu partiria desta reflexão: incontestavelmente, fomos todos convertidos à longa duração braudeliana. Acreditamos nela. Acreditamos nesta lenta variação da história secular, na medida em que ela introduziu – e isto foi uma das contribuições maiores da Escola dos *Annales* – uma maior atenção a essas evoluções, facilitando a ampliação de territórios novos (sobre os quais falamos anteriormente) de investigação, em particular, inicialmente, no domínio, da história social, mas também da história das mentalidades, tal como Robert Mandrou definiu a história de um tempo mais longo.

Creio que a longa duração foi um conceito operatório que está banalizado atualmente. Na França, esta banalização chega até aos manuais do ensino secundário que recusaram a antiga história factual e os ritos da história tradicional. Com a longa duração braudeliana, foi imposta a noção de estrutura, mesmo tendo sido Braudel relutante em relação ao estruturalismo. Ele não acreditava que a história pudesse parar completamente, e o próprio conceito de história imóvel – tal como foi, em seguida, formulado por Le Roy Ladurie – certamente não correspondia a sua visão das coisas. Mas, incontestavelmente, a noção de estrutura é útil, continua útil, na condição de que se lhe aplique uma leitura, uma abordagem histórica que não a enclausure nessa prisão de estruturas imóveis ou inatingíveis, mas que se tente ver – e foi, um pouco, o que tentei fazer em meu ensaio sobre a história das representações diante da morte – como estruturas se elaboram, põem-se em funcionamento, afirmam-se, tornam-se hegemônicas e, depois, sofrem, no quadro de um movi-

---

9   LE GOFF, J., op. cit., 1990.
10 BRAUDEL, F. *História e ciências sociais*. Lisboa: Presença, 1972.

mento dialético, uma evolução de desestruturação que, por meio de uma crise ou uma transição, passarão a outras estruturas.

De outro modo, creio que há, ainda, um outro elemento sobre o qual é preciso insistir, e que é um contraponto ou um corretivo à história de longa duração braudeliana: trata-se da redescoberta do evento que caracteriza, digamos, os últimos decênios. Em um dos colóquios que dirigi, quando estava em Aix-en-Provence, tentávamos interrogar-nos sobre o evento, que parecia ter sido como que exorcizado definitivamente por Braudel. Não mais o evento factual à antiga, mas o evento como uma nova reflexão sobre a noção de ruptura, de mutação no tempo curto.

Esta espécie de redescoberta, de reabilitação se fez por etapa. Para Pierre Nora, por exemplo, isto aparecia como especificidade senão da história imediata, ao menos da história contemporânea, o que levaria a um esquema empobrecedor, sem dúvida. Com efeito, o historiador se reencontraria um pouco com o antropólogo e mesmo com o folclorista, opondo um longo tempo imóvel a um momento em que a história começa a movimentar-se, e que seria nossa história contemporânea.

Na realidade, parece-me que a reflexão nos levou a reconsiderar, a interrogarmo-nos novamente sobre a importância, o valor e sobretudo o significado da ruptura, destas formas de aceleração da história, destas sequências em que, parece, todos os indicadores se põem em movimento na sincronia. Isto seria, de uma certa maneira, a nova leitura do evento, que não é, certamente, independente da experiência histórica de nossas gerações. Assim sendo, creio que esta reflexão está longe de ter chegado a seu termo. No já referido campo que conheço melhor, que é precisamente o campo de um evento – e que evento, já que se trata da Revolução Francesa! – é surpreendente ver como uma certa nova história – esta história do retorno ao político, tal como a evoquei acima – ao fim e ao cabo esvaziou ou eliminou a problemática das causas. A historiografia clássica da Revolução Francesa vem-se interrogando há um século, desde Tocqueville e outros, sobre as causas da Revolução, e tem-se a impressão de que agora esta problemática foi como que deixada de lado. Isto recoloca a interrogação sobre a abordagem do evento enquanto contingência ou enquanto necessidade. Em outras palavras, Revolução Francesa: evento contingente ou necessário?

E já que falamos em evento, poderíamos abordar sua questão sobre os eventos dos anos 80 e o papel do marxismo depois deles. Nós estamos ainda vivendo o evento, estamos diante dessa intrusão do evento que, de uma certa maneira, põe em causa não somente o marxismo mas, eu diria, quase toda uma leitura das Luzes, pois está sendo questionado o problema da continuidade do progresso – senão do espírito humano, ao menos da humanidade – por meio desse esquema do encadeamento das etapas da humanidade tendo um condutor representado pelo modo de produção e seus encaixes sucessivos, e o que, consequentemente, deveria disso decorrer em termos de emancipação progressiva do ser humano, liberado de suas cadeias. Encontramo-nos, portanto, em face de um questionamento fundamental, na medida em que a história não caminha linearmente, mostrando que há um gigantesco erro na aplicação, na prática desse esquema. Trata-se de um erro cujas consequências são certamente incalculáveis por uma longa duração. A partir deste encontro entre a história imediata e a historiografia, o que se pode fazer do marxismo? Parece-me que não devemos fixar-nos – qualquer que seja sua importância ou caráter espetacular – sobre este episódio, tornando-o maior do que é, pois, afinal de contas, o questionamento ou a crise do marxismo foi anterior a esta confirmação pelos fatos.

A evolução da historiografia – sobre a qual falamos há pouco – mostra que, no próprio interior de uma reflexão que continuava originalmente marxista, uma exigência nova estava se formando. Esta exigência se expressa no cuidado destas gerações em ir além das explicações que remetem ao chamado – um pouco apressadamente – marxismo vulgar e passar a um nível de interrogação que interpele mais diretamente o que os homens pensam, ou seja, a maneira como os homens fazem a sua própria história e se descrevem perante ela. É esta, em síntese, a exigência fundamental da história das mentalidades e da cultura, e nós podemos, devemos aplicá-la a situações com as quais nos deparamos na história imediata, mesmo naquilo que possam ter de muito estranho e desconcertante. Estou pensando em situações como o retorno ao sagrado nas suas formas mais surpreendentes, mas também o retorno dos nacionalismos, dos integrismos, da xenofobia. Em suma, todas as evidências de que, longe de ser regida por mecanismo simples, a consciência coletiva abarca estratificações extremamente complexas. Disto resulta não apenas um questionamento do marxismo, mas uma necessidade de sua ampliação, de seu aprofundamento, sem implicar necessariamente a negação da importância dos fatores determinantes da ordem do econômico ou do social. Isto é evidente no quadro de um universo que é atualmente o lugar de transposição, em escala planetária, de uma luta de classes generalizada entre países ricos e pobres, com tudo o que ela comporta de triste, e trazendo a perspectiva de uma explosão difícil de prever ou controlar, mesmo com nossas atuais ferramentas conceituais.

Então, creio que o marxismo não está morto. É preciso simplesmente repensá-lo, revisá-lo à luz destes eventos, o que supõe evidentemente uma releitura de tudo o que pode restar de dogmático e de redutor nos esquemas explicativos que temos. (1992)

Algumas obras de Michel Vovelle

Vision de la mort et de l'au-delà en Provence du XVe siècle d'après les autels de âmes du purgatoire. (Em colaboração com Gaby Vovelle). Paris: Cahier des Annales, A. Colin, 1970.

Nouvelle histoire de la France contemporaine. La chute de la monarchie – 1787-1792. v.I. Paris: Seuil, 1972.

L'irrésistible ascension de Joseph Sec, bourgeois d'Aix. Quelques clés pour la lectures des Naïfs. S.l.: Édisud, 1975.

Les métamorphoses de la fête en Provence de 1750 à 1830. Paris: Flammarion, 1976.

Religion et révolution: la déchristianisation de l'An II. Paris: Hachette, 1976.

Piété baroque et déchristianisation, attitudes provençales devant la mort au siècle des Lumières, d'après les clauses des testaments. Paris: Seuil, 1978.

Breve storia della Rivoluzione Francese. Roma: Laterza, 1979.

De la cave au grenier: un itinéraire en Provence, de l'histoire sociale à l'histoire des mentalités. Québec: Comeditex, Aix: Édisud, 1980.

Ville et campagne au XVIIIe siècle: Chartres et la Beauce. Paris: Messidor, Éditions Sociales, 1980.

La mort et l'Occident de 1300 à nos jours. Paris: Gallimard, 1983.

La ville des morts, essai sur l'imaginaire collectif urbain, d'après les cimetières provençaus, 1800-1980. (Em colaboração com Régis Bertrand). Marseille: CNRS, 1983.

The Fall of the French Monarchy: 1787-1792. Paris: Maison des Sciences de l'Homme, 1984.

Théodore Desorgues, ou la désorganisation: Aix-Paris, 1763-1808. Paris: Seuil, 1985.

La mentalité révolutionnaire: société et mentalités sous la Révolution Française. Paris: Messidor, Éditons Sociales, 1986.

La Révolution Française: images et récit. Livre Club Diderot, 1986. 5 v.

Ideologias e mentalidades. São Paulo: Brasiliense, 1987.

Bicentenaire da la Révolution Française, 1789-1989. Paris: CNRS, 1987.

La Révolution et l'ordre juridique privé: rationalité ou scandale? Actes. Paris: PUF, 1988.

Immagini della Libertà. (Em colaboração com Christophe Dhoyen e Christian Marc Bosseno). Roma: Riuniti, 1988.

1793, La Révolution contre l'Église: de la Raison à l'Être suprême. Paris: Complexe, 1988.

L'État de la France pendant la Révolution: 1789-1799. 4.ed. Paris: La Découverte, 1988. (L'état du monde).

Écrits/Marat. Paris: Messidor, Éditions Sociales, 1988.

L'An I des droits de l'homme. (Em colaboração com Antoine De Baecque, W. Schmale). Paris: CNRS, 1988.

Les images de la Révolution Française: actes. Michel Vovelle (Org.) Colóquio da Universidade de Paris I. Paris: Sorbonne, 1988.

Paris et la Révolution: actes. Michel Vovelle (Org.) Colóquio da Universidade de Paris I. Paris, 1989.

Les aventures de la raison, entretiens avec Richard Figuier. Paris: Belfond, 1989.

Histoires figurales: des monstres médiévaux à Wonderwoman. Paris: Usher, 1989.

Mourir autrefois: attitudes collectives devant la mort aux XVIIe et XVIIIe siècles. Paris: Gallimard, 1990.

Recherches sur la Révolution. Paris: La Découverte, Institut d'Histoire de la Révolution Française, 1991.

Les Colloques du Bicentenaire. Paris: La Découverte-Institut d'Histoire de la Révolution Française, 1991.

La découverte de la politique: Géopolitique de la Révolution Française. Paris: La Découverte, 1992.

La Révolution Française: 1789-1799. Paris: Armand Colin, 1992.

L'heure du grand passage: chronique de la mort. Paris: Gallimard, 1993.

Combats pour la Révolution Française. Paris: La Découverte, 1993.

Les âmes du purgatoire: ou le travail du deuil. Paris: Gallimard, 1996.

3 Madeleine Rebérioux

História e representação

A descoberta do papel das representações é um fenômeno essencial na história do século XX e este é um campo não explorado por Marx.

A importância dada a este fenômeno, a meu ver, não vem só do fato de que escrever um livro de história é criar uma representação do período ou objeto tratado. Esta palavra cobre um conjunto muito maior de modos de expressão tanto literários quanto artísticos que, em um determinado período, dão acesso ao presente, podendo-se incorporar ao passado. Portanto, parece-me incorreto reduzir o estudo de representações apenas àquelas do historiador.

De outro modo, é verdade que o historiador tem seu próprio sistema de representação e é capaz de criticá-lo (ou, ao menos, deveria sê-lo). Foi isto que fizemos com a história do movimento operário, quando criamos, nos anos 60, na França, todas as nossas instituições de história operária: a revista *Le Mouvement Social*, o Institut Français d'Histoire Sociale, o Centre d'Histoire du Syndicalisme, o *Dictionnaire Biographique du Mouvement Ouvrier Français* dirigido por Jean Maitron,[1] sem esquecer a Société d'Études Jauré-

---

[1] MAITRON, J. *Dictionnaire biographique du Mouvement Ouvrier Français*. Paris: L'Atelier, s.d.

sienne. Tudo isto aconteceu em dois anos, entre 1959 e 1960, numa época em que a guerra da Argélia já dava sinais de acabar e trazer a independência ao país, o que provocou uma enorme virada nas ações concernentes ao colonialismo pelo mundo, pois a descolonização da Argélia era uma das questões mais difíceis de serem resolvidas naquele momento.

Foi também a época em que a Section Française de l'Internationale Ouvrière (SFIO) sofreu sério revés como força de esquerda; muitos de seus quadros saíram e criaram outras formações políticas, como os socialistas autônomos, e depois o Partido Socialista Unificado. Por sua parte, o Partido Comunista, se não havia passado pela fragilidade extrema da SFIO, havia perdido sua hegemonia absoluta sobre os intelectuais.

Ainda que os engajados na guerra colonial viessem de diferentes forças políticas – havia sindicalistas, cristãos, não cristãos, comunistas, seguidores das filosofias da moda, existencialistas etc. –, todos se encontravam com a mesma vontade de elaborar um conhecimento sério do passado do movimento operário e da história social do país onde vivíamos e de outros países, ou seja, das forças operárias internacionais na Europa.

A capacidade que tivemos de afrontar, nesse terreno, nosso passado militante, reafirmando sempre o desejo de não repetir, tanto o que o Partido Comunista dizia em matéria de história operária, quanto o discurso anticomunista da SFIO, ou mesmo os discursos cristão antiateu e ateu anticristão, consolidou equipes que permaneceram muito unidas, durante trinta anos, ainda que os caminhos políticos tenham sido completamente divergentes.

Nós nos constituímos, assim, fora da corrente dos *Annales,* ainda que tenhamos escrito nos *Annales.* E isto se deu porque todos estávamos unidos no mesmo momento e com a mesma intenção em relação a nosso passado: não ficarmos presos à memória que as organizações das quais vínhamos nos davam do passado. Tínhamos uma enorme vontade de ver claro, de utilizar as armas que os historiadores, outras disciplinas ou outras escolas, como os *Annales*, propunham-nos. É nesse sentido que disse, anteriormente, que entre memória e história há uma grande diferença. Penso que a coleta de memórias é indispensável aos historiadores, mas que o próprio da história é de não se fechar nesta coleta. (1992)

Mídia e história

Do meu ponto de vista, o que se pode dizer do papel da mídia hoje é que ela apenas acentua fenômenos que são muito antigos, como, por exemplo, a influência da representação que fazemos do presente sobre a relação que temos com o passado. Este é um fenômeno que nas sociedades industriais europeias foi traduzido historicamente por diferentes vias, mas que não tem nada de novo. Veja-se, por exemplo, como a Revolução Francesa se autoproclamou portadora de um projeto de regeneração dos franceses, vistos como caídos na degenerescência. A regeneração só viria se estivessem convencidos de que o período anterior àquele que viviam era um passado abominável que os conduziria automaticamente à decadência. A tentação daqueles que derrotaram a aristocracia, a monarquia e o clero foi a de destruir os monumentos, no sentido latino do termo, ou seja, todos os traços desses regimes, dessas forças sociais e culturais que levaram a França a tornar-se um Estado, uma sociedade, um povo degenerados. Foi preciso realizar grandes esforços para dizer que era necessário conservar esses traços e não destruí-los. Na representação do passado sobre a Revolução Francesa, o século XVIII aparece como o século da decadência, enquanto nós não o analisamos dessa forma hoje. Pode-se argumentar que os meios de comunicação tiveram um papel importante já naquela situação; é verdade, pois só no ano de 1789 houve o aparecimento de cerca de quinhentos jornais quando anteriormente havia em torno de quinze. Porém, estes jornais apenas difundiram na sociedade julgamentos produzidos em meios intelectuais bem conhecidos hoje, como as academias de províncias, as lojas maçônicas, os salões etc. Em suma, os meios de comunicação têm apenas a responsabilidade da difusão.

Se pensarmos no fim do século XIX, na França e no papel desempenhado pela Escola Republicana na visão do passado, encontraremos a mesma situação. No entanto, não se trata de mídia no sentido de hoje. A escola tem um objetivo, ao mesmo tempo, de conhecimento bastante positivista e de civismo. Mas, dentro dos objetivos por ela cumpridos e por meio dos quais ela forja a unidade da nação, a escola fabrica um conhecimento do passado francês que soa muito estranho atualmente. Um conhecimento pelo qual Vercingétorix[2] torna-se o grande herói nacional, embora nada garanta que o tenha sido. A Idade Média torna-se uma época obscura e obscurantista, de onde não jorra nenhuma luz. No limite, mesmo a Reforma ou o Renascimento tornam-se pouco compreensíveis. O traço buscado nos manuais de ensino difundidos pela escola primária é, na realidade, o da construção do Estado monarquista, de Henrique IV, Luís XIII, Luís XIV, ou seja, o Estado que, no momento da Revolução, os desejosos de regenerar a França não queriam sequer ouvir falar. Nesse caso, vemos surgir uma segunda representação da história na qual os meios de comunicação de massa da época, ou seja, a imprensa, desempenham certamente um papel, porém muito fraco em relação ao desempenhado pela escola.

Em princípio, tenho reservas diante dos ataques e denúncias à mídia. No entanto, inegavelmente, há elementos novos, na medida em que a rapidez da imagem, sobretudo televisiva, desempenha um papel autônomo particular no caráter efêmero das notícias difundidas: notícias apresentadas como essenciais durante 48 horas, na realidade, são suscetíveis de desaparecer em poucos dias. Porém, se esse fenômeno existe, há também situações bastante diferentes. A mídia desempenhou um grande papel na busca da memória, graças à qual eventos particularmente trágicos de nossa história vieram a público. Há um enorme esforço para tornar conhecida a Segunda Guerra Mundial, não somente os campos de concentração nazistas mas também – estamos vendo agora – as extremas ambiguidades do regime de Vichy. Veja o grande filme de Ophüls,[3] finalmente difundido pela televisão; os franceses pararam de pensar que todos os seus pais foram Resistentes, admitiram que havia colaboradores convictos e que, além de colaboradores e Resistentes, havia os que não eram nem uma coisa nem outra, e cuja indiferença

---

2 Vercingétorix – 72 a. C.-46 a. C. Chefe gaulês que liderou revolta contra os romanos. Derrotado por César, morreu estrangulado na prisão.
3 Marcel Ophüls – cineasta francês. O filme mencionado é *Le chagrin et la pitié*.

constituía uma verdadeira opacidade embaçando este período sobre o qual é tão importante ver claro.

Sobre a guerra da Argélia, tanto tempo excluída de nossa memória – pelo menos a memória explícita, relatada, pública – há hoje muitos filmes, discutíveis por encobrirem o caráter trágico dos enfrentamentos políticos em nome de uma memória semiconsensual, porém interessantes, na medida em que vêm acompanhados de debates que relativizam suas falhas.

Além disso, é preciso reconhecer o grande poder da imagem e tratá-la como tal. A partir daí, é evidente que o papel do professor de História, hoje, no liceu e mesmo na escola primária e na universidade, deveria ser o de ensinar a ler imagens, tanto as estáveis quanto as móveis, da mesma forma que no passado se ensinava a ler um texto. Apareceu uma fonte que nos obriga a exercer nosso espírito crítico sobre a veracidade da imagem, as manipulações permitidas pela montagem, a rapidez com que se tornam obsoletas desaparecendo do vídeo. Ou seja, há toda uma série de comportamentos críticos a serem ensinados com urgência às crianças e aos adolescentes.

Sobre a questão das bruscas rupturas com o passado, você me pergunta se há o risco de negligenciá-lo ou mesmo esquecê-lo. Nós sabemos que a dificuldade de todo passado é que nós o esquecemos. Mas, felizmente, esquecemos nosso passado individual, coletivo; um passado tanto mais obscuro quanto mais nos remete a vários pertencimentos: nossa cidade? nossa família? nossa nação? o mundo inteiro? aqueles que subjugamos pelo do mundo? aqueles contra os quais lutamos ou que lutaram contra nós? Não sabemos o que é nosso passado. Somos nós que o constituímos. Portanto, a noção de esquecimento do passado deixa-me um pouco inquieta: dizer que esquecemos nosso passado significa dizer que ele existe em alguma parte, como um estoque de objetos que não pode ser esquecido. Mas somos nós que escolhemos, nesse imenso passado, aquilo que será objeto de memória e de conhecimento. E o fazemos a partir de dois fatores: o primeiro, eu chamaria cívico, sublinhando que há muitas formas de civismo. Tomamos do passado aquilo que nos parece útil às lutas em que estamos engajados no mundo em que vivemos. Lembro-me muito bem de ter-me interessado pela história do socialismo francês do fim do século XIX e começo do XX unicamente para compreender como um presidente do Conselho Socialista chamado Guy Mollet[4] podia ocultar a tortura na Argélia e levar os exércitos franceses a combater para que a Argélia permanecesse sob o domínio da França.

O outro fator que nos atrela ao passado é o próprio conhecimento. Na realidade, quando um historiador volta suas atenções para um problema, nunca o isola de outros. Sua perspectiva é de vê-lo compondo uma longa cadeia, vastos conjuntos. Mesmo quando seu período de trabalho é muito curto – 15 ou 20 anos – será incompreensível sem o que o precede e o que o segue. Temos, portanto, necessidade de pesquisar e reportar-nos a uma historiografia que remeta a uma época mais antiga.

Isto posto, há ainda outro problema subjacente a sua questão: é o da relação entre memória e história.

Oficialmente, toda a história positivista construiu-se contra a memória; na realidade, ela criou novos tipos de memória. Mas hoje há um extremo cuidado em seu tratamento, tanto quando se trata de indivíduos quanto de grupos que relembram, o que é perfeitamente justificável, já que a memória fica em nós um pouco escondida, apenas aspirando exprimir-se, além de tomar partido no conhecimento histórico. Quanto a mim, sinto-a de tal maneira comprometida que me recuso a falar, enquanto historiadora, de problemas históricos que vivi nos anos 30 e 40, por considerar-me sem distanciamento suficiente, na medida em que estive muito engajada na vida cívica e política daquelas décadas.

Mas há, nos últimos anos, entre as pessoas que estão tentando reencontrar memórias, uma tendência que me parece inconveniente: a de confundir memória e história. Esta confusão é bastante perigosa. Todas as memórias devem ser convocadas, evocadas, confrontadas, mas nenhuma delas, individualmente ou em conjunto, constituem a história. Esta consiste necessariamente na escolha

---

4 Guy Mollet: político francês – 1905-1975. Membro da Section Française de l'Internationale Ouvrière, foi Governo na IV República.

e construção de um objeto, operação que pode dar-se a partir de evocações de lembranças, mas que não pode levar à redução da história a essas memórias. (1992)

A dimensão psicológica da história

Não conheço grande coisa de psicologia, mas, é evidente – e Christophe Charle[5] mostrou-o muito bem em sua contribuição ao colóquio sobre História Social em janeiro de 1989, publicado em 1993 pela Maison des Sciences de l'Homme – que têm sido desenvolvidas "microanálises de microfenômenos" e que a "micro-história social" aparece como uma compensação às insuficiências da "macro-história".

Assim, ao mesmo tempo que o conceito de micro-história aparece em um imenso empreendimento da história operária – o *Dictionnaire Biographique du Mouvement Ouvrier Français* –, outros trabalhos comprometem-se com o estudo das trajetórias individuais. Penso, sobretudo, nas pesquisas de Christophe Prachasson sobre os intelectuais franceses e a guerra. Indivíduos irrompiam na história: intelectuais ou proletários, às vezes proletários intelectuais que não tinham o estatuto de "grandes homens", menos ainda de grandes mulheres, mas que, em determinados meios sociais, tornavam-se interessantes pela diversidade de suas escolhas, de suas práticas, de seus militantismos.

Esses indivíduos surgem, satisfazendo nossas novas curiosidades, nos exatos momentos em que os antigos pertencimentos sociais cessam de ser produtores de comportamentos globais: o caso Dreyfus, a Revolução Russa, as escolhas fundamentais dos anos 30, a Resistência, a guerra na Argélia, maio de 1968. São as subjetividades, desenvolvendo-se livremente e nutrindo nos historiadores, como disse Raymond Aron ou Henri Marrou, o desejo de

---

5 CHARLE, C. (Org.) *Histoire sociale, histoire globale?* Colloque – 27-28 janvier, 1989, École Nationale Supérieure. Éd. Institut d'Histoire Moderne et Contemporaine. Centre Nationale de la Recherche Scientifique. Paris: Maison des Sciences de l'Homme, 1993.

compreender os seres para compreender os comportamentos inscritos na história.

Em relação a quais fenômenos históricos aparecia esse interesse novo pelo indivíduo, pelo sujeito como ator da história? Que cada um, do lugar onde se encontre, se pense como um sujeito da história, *Le Mouvement Social* bem o mostrou em 1988, no número consagrado ao vigésimo aniversário de maio de 1968. No entanto, o "movimento" se diluiu, poucos historiadores a ele se referem neste momento, mas o lugar da subjetividade na investigação histórica não retrocedeu. Sem pretender fazer um inventário de "causas", sempre insuficiente, ater-me-ei, modestamente, a algumas pistas.

Fontes novas estão hoje sendo exploradas pelos historiadores. Elas já estavam à sua disposição, mas eles não as utilizavam sistematicamente. Podem-se citar como exemplos: as entrevistas, cujas formas de registro e interrogação estão hoje em evidência; as cartas, em que as pessoas dão o melhor de si, ou em que "se é o mais franco e o mais profundamente si mesmo" (Jean de Saint-Prix); por meio delas, tem-se a oportunidade de confrontar vida privada e vida pública.

A crise tecnológica, social, política e, mais ainda, as novas técnicas, a que se atribuem todos os males, têm aberto o caminho à individualização crescente da sociedade. Percebeu-se de imediato – basta olhar para as mulheres – que a raridade dos traços coletivos não significava, necessariamente, a ausência de indivíduos criadores ou criadoras: o presente da individualização sugere o retorno a um passado, em geral, desconhecido.

Cada ser, de resto, existe em si e por si. Ele não se estrutura mais com outros e, sendo ou não consciente, para outros. Com outros? O historiador não pode pensar a sociedade como uma justaposição de indivíduos. Estes estão inseridos em redes inter-relacionais, exprimem-se em meios que a jovem escola histórica francesa empenha-se em reconhecer a diversidade: associações de antigos combatentes, mutuais que não desapareceram com o desenvolvimento e a representatividade do mundo sindical, sociedades de especialistas, associações cívicas, revistas e jornais que aprendemos a decifrar de outra maneira, clubes esportivos etc.

Menos empregada hoje que num passado muito recente, a noção de mentalidade coletiva especificou-se. O estudo dos micromeios confere-lhe uma outra dimensão. Tornou-se menos desconfortável, senão mais fácil, a relação com as artes e os artistas, estes criadores não tão mais "indivíduos" que os escritores ou os pensadores. (1995)

Identidade coletiva e história

Esta questão da relação entre busca de identidades e crise do Estado-nação e a queda dos estados comunistas remete a um debate estritamente contemporâneo, muito mais que a uma reflexão sobre a "psicologia coletiva" ou a "crise da história econômica". Trata-se menos de formas de abordagens da história que de novas formulações da identidade coletiva.

Essa extensa proximidade dos objetos, mais do que dos métodos, obriga-nos, a meu ver, a posicionarmo-nos sobre o sentido que damos aos conceitos que empregamos. Assim, não há internacionalização em certos setores da economia, enquanto o peso dos estados permanece considerável apenas nas ofertas e garantias que dão às indústrias mundializadas que procuram implantar-se em seus territórios (cf. Espanha e Ford Automóvel). Por outro lado, os modos regionais de organização da produção constituem diques de resistência à mundialização.

Há, em contrapartida, mais que uma tendência, uma vitória, não da internacionalização nem da mundialização, mas da globalização do sistema financeiro: o que resta das "identidades" com o poder do FMI e do Banco Mundial de impor, em todos os países em busca de desenvolvimento, os mesmos sistemas de produção, a mesma "dívida" e os mesmos modos de gestão e de reembolso da dívida?

Voltemos ao passado próximo. A questão colocada diz que novas "identidades coletivas" estão emergindo. Ela é verdadeira desde que não negue nem a busca de identidades nacionais que se desenvolveu no século XIX, nem a aspiração a uma identidade proletária transnacional. Os trabalhos recentes sobre a cultura operária, as pesquisas um pouco mais antigas sobre instituições como as Internacionais operárias (socialistas ou comunistas) trazem a pista. Identidades de ofício, identidades de classe, identidades nacionais: os historiadores, no mundo inteiro, têm trabalhado sobre esses temas sem opô-los necessariamente uns aos outros.

Pode-se dizer que há, hoje, uma inclinação maior a identidades de "proximidade"? Pode ser, mas os exemplos propostos não me parecem convincentes.

Em que, na realidade, "ser mulher" é mais "íntimo" que "ser operária"? Nenhuma das pesquisas feitas na França sobre a história das mulheres o demonstrou. A história das mulheres jamais aceitou desvincular-se de suas práticas de trabalho, de suas lutas pela igualdade dos direitos civis, sociais e políticos. É verdade que pesquisas de outra ordem foram feitas por meio da literatura, da psicanálise. Mas, historiadoras e historiadores na França concordaram, rapidamente, em não se engajarem nessas abordagens.

Passemos aos "interesses étnicos". Quais são eles? De que se trata? Ex-Iugoslávia de um lado, Ruanda de outro. Nos dois casos, os trabalhos dos historiadores permitiram dar uma dimensão não étnica às produções mediáticas apressadas. São antigos *apparatchiks* comunistas que, na Croácia, na Sérvia, na Bósnia reconverteram-se ao nacionalismo.

A construção de "purificação étnica" enxertou-se menos nos despojos da ideologia nazista que na memória dos trágicos deslocamentos de populações que, nos tempos de Wilson e após a Segunda Guerra Mundial, acompanharam a derrota dos vencidos, ou daqueles que, pertencendo ao campo dos vencedores, julgaram não ter tido vantagens suficientes.

Em Ruanda também, os trabalhos dos historiadores procuraram menos distinguir etnias "hutu" ou "tutsie" que compreender o papel dos Estados colonizadores – inclusive da França – na constituição dessas "identidades étnicas" há tanto tempo ignoradas e mesmo ridicularizadas.

Os historiadores, os geógrafos, os sociólogos, os antropólogos resistiram bem às imposições da mídia e, autorizados por seus trabalhos, estavam prontos para reintroduzir a história política, a história econômica, a história social, em suma, a história *tout court* nos sistemas explicativos que se apresentavam abusivamente como modernizantes.

Ocorre que a crise das esperanças internacionais, quer se trate do socialismo ou de instituições como a ONU, está hoje patente, e a democracia foi impotente para inserir-se no espaço aberto pela "queda do muro de Berlim", razão a mais para não desvincular as realidades sociais das práticas políticas de liberdade restituídas pelo fim dos Estados-partido ligados ao sistema que se denominava comunista. (1995)

O retorno da história política

Sobre o mencionado retorno da história política, devo dizer que, em primeiro lugar, não acredito muito nisso; em segundo, o exercício da cidadania não se desenvolve somente a partir do crescimento da "história política".

Em 1974, no volume II do *Faire de l'histoire* (Gallimard, Bibliothèque des Histoires), Jacques Julliard[6] não somente relembrou a "autonomia do político", mas evocou, por meio de seu "retorno", o crescimento de seu papel nas sociedades modernas por esse "príncipe coletivo", constituído não somente pelos partidos e sindicatos, mas pelos grupos de pressão e pelas associações que os encarnam. Julliard disse também que o "evento político" é portador de estrutura tanto quanto é seu fruto. Escrevendo *La République radicale? 1898-1914* (Seuil, 1975), eu mesma participei dessa prospecção da emergência do político em uma República, a França, em que o político foi fundador e pôs em causa vários costumes, inclusive do caso Dreyfus.

Essa "reabilitação" do político foi questionada, desde os anos 80, pelo "Lieux de mémoire", projeto dirigido por Pierre Nora,[7] e por sua visão da história cultural bastante divulgada pela mídia.

---

6 JULLIARD, J. A política. In: LE GOFF, J., NORA, P. *História. Novos objetos,* v. 3, 1988.
7 NORA, P., op. cit., 1984.

A evolução dos anos 90 e de sua historiografia amplificou consideravelmente a crise da história política e a análise da cidadania. Ficou claro na vida política francesa que não adiantava muito amaldiçoar um movimento de extrema direita como o "Front National" e que a recusa da direita, dita republicana, de fazer com ele alianças eleitorais, de maneira nenhuma o impediu de prosperar. Foi então que o eleitorado francês viu nesse movimento algo diferente de uma extrema direita tradicional.

Ficou claro também – tomarei como exemplo as análises propostas e as posições adotadas pela Ligue des Droits de l'Homme, em 1993, no seu Congresso de Aubervilliers – que a pane de cidadania, visível na França pela ascensão do "partido dos abstencionistas" – árbitro do segundo turno das eleições municipais de junho de 1995 – foi em razão, essencialmente, da crise do trabalho: desemprego, empobrecimento, aspirações contrariadas por uma nova organização do trabalho.

A Ligue des Droits de l'Homme criou o conceito de cidadania social como uma ferramenta para analisar essa nova articulação do político com o social. Encontros entre historiadores e sociólogos, entre franceses e americanos confirmaram o acerto desse ponto de vista.

A "questão econômica" está, aqui, perdida? Há uma certa ingenuidade nessa questão. É preciso, antes de mais nada, lembrar que, mesmo quando – sob a influência de Ernest Labrousse, ou seja, durante as décadas de 50 e 60 – a história econômica ia "de vento em popa", a grande maioria dos trabalhos históricos franceses permanecia submetida a um recorte político. É preciso lembrar também o fracasso, em toda a França, dos pesquisadores vindos do oeste ligados à New Economic History: os historiadores de ofício, marcados por uma reflexão metodológica que combinava Marx e Jaurès, independente de suas posições políticas, não aceitaram jamais que modelos exclusivamente econômicos fossem impostos à pesquisa histórica. Eles viam nesse projeto, enfeitado pelo adjetivo "novo", um retrocesso insuportável do campo histórico. Este permanece a seus olhos irremediavelmente "social", ou seja, no cruzamento das classes e dos grupos, das condições de produção e da intervenção dos Estados e mesmo desses novos atores regionais como, por exemplo, a União Europeia, das "mentalidades" ou, mais ainda, das condições culturais sociais e políticas de sua formação.

A história social conquistou novos objetos, nascidos das mutações do mundo em que vivemos: as migrações, a empresa. Preocupa-se com as dinâmicas de integração – a escola, a leitura, a televisão – ou de desintegração: a xenofobia, o identitarismo.

Mais do que nunca, cabe a pergunta de Ernest Labrousse, que, aliás, não aceitou jamais considerar-se como "historiador da economia": "conhecei vós uma história que não seja social?". Outra maneira de dizer que a história não está em "migalhas" e que a "fidelidade ao espírito de síntese em história" (Pierre Vilar) está sempre subjacente à historiografia francesa. A história social renova-se na confluência de todas as ciências sociais. Todas as áreas lhe interessam. Sua presa, para retomar uma expressão de Lucien Febvre, é farejada em todos os campos. Ela conquista a vitória pela variedade de suas formas de abordagem e de seus questionamentos. De Marx a Durkheim, a Weber, em suma, a nós todos. Eu não acredito que o projeto da história total seja colocado por muito tempo entre parênteses. (1995)

Questão nacional

Não estou convencida de que haja contradição entre o que você chama a constituição de blocos e o que se passa na Iugoslávia. Para dizer a verdade, não vejo a constituição de blocos. Onde estão os blocos? Você fala da Comunidade Europeia. Mas sabemos bem que ela não é um bloco. Nós ainda não sabemos se será uma Europa Federal ou Confederal. Mas é muito evidente que os diferentes povos ou as diferentes nações que constituem a Europa dos doze salvaguardarão – pois isto é uma necessidade absoluta – o essencial de suas culturas, sua prática política, seu modo de organização etc. Com os dados que temos, estamos inquietos, por se tratar, até o momento, de uma Europa dos comerciantes, uma Europa da mercadoria. Mas não vemos claramente a constituição de um bloco na Europa dos doze. Muito pelo contrário, seu funcionamento articulado já cria o que nós chamamos a Europa dos 25, tornada 26 pela adesão da Polônia, e seu procedimento é de um Conselho da Europa, ou seja, de uma Confederação, com proposições destinadas a assegurar um certo número de direitos nos países que dela fazem parte, com instituições como o Conselho da Europa e a Corte Europeia dos Direitos do Homem. O objetivo é, partindo da Europa dos 26, abrir esta estrutura europeia a novos povos, a novos Estados da Europa do Leste, inclusive, a União Soviética. É o que Gorbatchov havia chamado a "casa comum" e F. Mitterrand, a Confederação Europeia.

Por outro lado, como disse, a Europa dos doze que estamos vendo nascer é dominada pela mercadoria, esta dominação não é um fenômeno só europeu, mas mundial. É a mundialização que está em curso. De minha parte, olho a Europa tal como está funcionando neste momento: não há indústria europeia, não se vê nascer nenhum projeto neste sentido, com exceção do Banco Europeu, que nos inquieta muito em razão de seu funcionamento antidemocrático. Mas não vemos nenhum sinal de criação de uma indústria europeia e nem mesmo uma europeização do capital a partir dos Estados ou indústrias de diferentes Estados e nações que se encontram agrupados. Trata-se de uma mundialização favorecida, é óbvio, pela queda da URSS, pois, à medida que o regime dos Estados-partido autoproclamados comunistas desaparecem, não há mais contrapesos, a economia torna-se mundial, como a liberdade! Na realidade, ela já o era há muito tempo, mas agora são as leis do mercado capitalista que se tornaram mundiais. Esta é uma das razões pelas quais não acredito em blocos. O projeto do capitalismo, tal como o estamos vendo ser tecido, não é um projeto por continente ou mesmo por setor de continentes. É um projeto mundial. A grande questão, portanto, é saber quem o dominará. Disputas se estabelecerão entre os Estados Unidos e seus aliados – aqueles que dele dependem de maneira mais próxima –, por exemplo, os japoneses e, provavelmente, a economia europeia. Mas serão tão somente relações de força no interior de uma economia hoje mundializada.

Como ficarão os Estados-nação em tudo isto? Eu creio que há duas situações: a primeira, dos Estados-nação já constituídos, como

França, Itália, Espanha, Alemanha, Inglaterra etc. O funcionamento econômico desses países já se encontra mundializado. Ou seja, desde já, os donos aparentes da economia francesa não são seus donos reais. Apesar disso, creio que os Estados-nação constituídos não têm razão de desaparecer, mesmo se estão sendo levados a abandonar uma parte de suas prerrogativas em favor de unidades maiores. Por outro lado, há um grande interesse em assinar acordos que assegurem a democracia entre os diferentes Estados-nação. Quero dizer que há um grande interesse na manutenção de garantias supranacionais que assegurem a circulação de homens, mulheres e estrangeiros e os direitos cívicos daqueles que habitam os diferentes países. Isto é evidente. No estado atual das coisas, a Corte Europeia dos Direitos do Homem, por exemplo, constitui uma verdadeira garantia contra o arbítrio dos diferentes Estados-nação. Poder apelar à Corte Europeia é muito importante para aqueles que são vítimas desse arbítrio. Mas isto pode ser feito sem que sejamos levados a abandonar nossos próprios partidos políticos, nossas tradições políticas e sociais. Ao contrário, se essas práticas e tradições florescem em cada sociedade, as coordenações se produzirão de uma maneira mais fácil e mais eficaz.

A segunda situação é a dos povos que estão reafirmando sua existência nos países do Leste Europeu. Neste caso, confesso não saber o que dizer. Em minha opinião, a fragmentação da Áustria/Hungria, historicamente, foi uma catástrofe. Seria de grande interesse que tchecos, húngaros, eslovacos, alemães, enfim, austríacos de língua alemã continuassem a coabitar na antiga Áustria/Hungria, integrando, evidentemente, graus de autonomia sempre mais fortes do ponto de vista dos direitos culturais e das práticas políticas. O mesmo eu diria em relação ao Império Otomano, já que era uma grande vantagem viver em um império imenso que dava liberdade, em certos sentidos, àqueles que dele faziam parte e assegurava a presença da civilização muçulmana no sudeste da Europa. Penso que isto era muito importante e mais interessante que as práticas coloniais pelas quais França e Inglaterra dirigiam territórios e povos por elas conquistados, ou seja, por intermédio da montagem de Impérios Coloniais. A União Soviética fez, também, um grande esforço na manutenção da convivência de vários povos. Este esforço, incontestavelmente, fracassou não apenas econômica mas também politicamente. No entanto, quem pode dizer o que restará deste imenso conglomerado? Quem sabe o peso que terão as forças saídas do esfacelamento desse império? Não consigo imaginar 30% de russos em quase todas as repúblicas autônomas da antiga URSS não provocando nenhuma consequência. A integração que havia entre russos e não russos nas diferentes repúblicas não desaparecerá necessariamente, como se diz hoje. Mas não posso pronunciar-me a partir de análises do tipo jornalísticas. Prefiro esperar. Por estes motivos, não tenho certezas a respeito da profundidade destes sentimentos nacionalistas que estão sendo propalados.

A Iugoslávia é completamente diferente. Nesse caso, tem-se a impressão de algo muito profundo e muito trágico acontecendo. Trata-se de uma guerra civil, uma guerra que os soviéticos não fizeram até agora, com exceção das manifestações entre armênios e azéris que são da mesma natureza das que existiam anteriormente, apenas mais conhecidas hoje por ser a informação mais livre. Mas não se pode comparar, até este momento, ao que está acontecendo na Iugoslávia, que é, na realidade, o lugar da grande catástrofe do ponto de vista dos nacionalismos. É provável que a Eslovênia, Croácia e Sérvia desejem, nesta Europa Balcânica, constantemente mexida e remexida, conquistar uma dose de independência política necessária à viabilização de outras realizações. Eu temo terrivelmente, no entanto, a violência dos ódios acumulados, pois em todos esses países há minorias. A Ligue des Droits de l'Homme, da qual me ocupo, formou um grupo de trabalho sobre minorias nacionais cujo objetivo é discutir nossa possível contribuição às questões vividas pelas minorias. Não se trata de independência, como era o caso das antigas colônias ou de um Estado como o Brasil, quando tentou escapar do domínio americano. Esta é uma situação muito diferente. Estamos diante de uma realidade totalmente fragmentada, com minorias por todos os lados, e queremos ter uma ideia desta realidade. Duvido que se chegue ao reconhecimento de tantas nações quantas forem as minorias existentes nos agrupamentos humanos. A fragmentação extrema não pode ser o horizonte do mundo. (1992)

Formas do conhecer histórico

Comungo de um ideário que desconsidera a possibilidade de jogar por terra a história positivista, e sempre disse que desprezá-la parecia-me muito perigoso. Negar que elementos factuais possam ser estabelecidos a partir de informações complementares e diversificadas é criar condições não para um melhor conhecimento mas, provavelmente, para puras e simples práticas de falsificação. Portanto, como professora e como pesquisadora, jamais me coloquei ao lado dos que tratavam com desprezo as chamadas regras da história positivista, enunciadas e formuladas em 1898, na França, por Langlois e Seignobos, e não mudei de opinião sobre isso. Aliás, é por esta razão que considero a história uma disciplina cumulativa no quadro de elaboração do qual o conhecimento progride não somente por mudança de ponto de vista, o que é muito importante, mas também por acumulação de conhecimentos, descoberta de novas fontes, novas informações, confronto entre informações descobertas. Este é meu primeiro ponto.

Assinalaria ainda que não foi durante os anos 30, com o nascimento oficial dos *Annales,* mas no começo do século – mais exatamente em 1903 – que se desencadeia, a partir da École Normale Supérieure em seu conflito com a Sorbonne, o primeiro grande debate entre os partidários da história positivista, tendo Seignobos como porta-voz e os alunos do sociólogo Durkheim. A França acabava de sair do "caso" Dreyfus,[8] e os maiores historiadores *dreyfusards* colocavam em prática as regras do método histórico para demonstrar a inutilidade, a estupidez e a mentira das acusações feitas contra Dreyfus e contra os judeus em geral. Foi, portanto, no interior

---

8 Alfred Dreyfus: oficial do Exército francês, de origem judaica, acusado injustamente de revelar informações militares aos alemães. Preso em 1894 e julgado sumariamente pelo conselho de guerra, foi condenado à degradação militar de deportado. Foi provada a inocência de Dreyfus e, em 1906, o oficial foi reintegrado ao Exército. O *affaire* Dreyfus provocou uma forte onda de antissemitismo na França, definiu forças políticas de direita e esquerda e levou o país a crises políticas da III República.

do campo dos *dreyfusards* – já que tanto Seignobos quanto os durkheimianos o eram – que se deu o confronto cujo caráter precoce e cujas bases sobre as quais se elabora não tenderam a opor, naquela época, uma antiga e uma nova história, pois ninguém imaginava produzir conhecimento histórico fora da perspectiva positivista. Não, a história desprezada pelos durkheimianos, notadamente por seu porta-voz Simiand,[9] foi contraposta à sociologia e uma sociologia, bem particular: a durkheimiana. Assim, foi no confronto entre duas disciplinas, a história já muito antiga e a sociologia sendo constituída como forma de conhecimento, que aconteceu o debate. É pouco provável que os historiadores tivessem elaborado por eles próprios os elementos que lhes permitiram criticar tão duramente os métodos e técnicas positivistas.

No entanto, seria falso, eu creio, limitar esta tomada de consciência ao nascimento de novos conhecimentos, notadamente da sociologia da época e mais tarde da geografia e da economia. As formas de renovação da história estão ligadas, de um lado, ao que se passa na sociedade, na Europa e no mundo e, de outro, indubitavelmente, à mundialização da aventura histórica e, em particular, à descoberta das sociedades chamadas sem história, na realidade, sociedades cuja história se desenvolve sem arquivos escritos, essencialmente fundada sobre ritos e tradições. Em termos de disciplinas, é a Etnologia, mas a descoberta consiste em perceber o processo etnológico como emergente de uma realidade cujas fontes e ritmos de temporalidade não são os mesmos que os da história elaborada na Europa.

De outro modo, é muito evidente o papel da irrupção de novas camadas sociais, como o campesinato e as classes operárias, que sempre estiveram à margem da história dos Estados, da diplomacia, das religiões e da história política propriamente dita. Ao fazerem sua aparição, os dominados levam os historiadores pela primeira vez a colocarem questões sobre as relações de força, sobre as vias pelas quais esses setores podem intervir na tradição histórica.

---

9 François Simiand – 1873-1935.

Finalmente, há um terceiro elemento ligado aos próprios eventos: são as novas formas de tragédia postas à luz pelas primeira e segunda guerras mundiais, pelos regimes militares surgidos após as guerras coloniais e pelos crimes ligados ao stalinismo. Em curtos espaços de tempo, milhões de seres humanos morreram em condições monstruosas, seja nas trincheiras, seja nos campos de extermínio. Eis o que nos levou a um questionamento das bases tradicionais sobre as quais se elaborava a história política no século XIX. Aparecem forças obscuras, muito difíceis de controlar, revelando comportamentos individuais e coletivos até então considerados definitivamente superados por aqueles que acreditavam no progresso.

O estudo sobre as condições em que as novas formas de narrativa ou de análise histórica apareceram mostra a Escola dos *Annales* como um elemento muito importante, porém não o único. Existiram outras vias pelas quais foram explicitadas as novas reflexões. De qualquer forma, penso que é preciso olhar com cuidado as grandes teorias que estruturaram a reflexão histórica atribuindo-lhe um poder de explicação independente da análise cotidiana dos fatos, dos acontecimentos políticos, da narração histórica, pretendendo enfocar na sua globalidade a evolução das sociedades ainda que a partir das mais industrializadas e mais modernas. Neste sentido, há ainda hoje apenas um grande nome que se impõe: o de Marx. Confesso não encontrar outros. É certo que surgiram contribuições muito interessantes, a partir de Freud, das teorias da representação; é certo também que os Estados que se acreditaram seguidores do pensamento de Marx, por criarem práticas políticas e sistemas políticos novos, desmoronaram. Mas eu não vejo despontar no horizonte nenhuma reflexão tão provida de ambição e capacidade explicativa quanto a de Marx, salvo se remontarmos às religiões cristãs ou recorrermos à visão de um mundo no qual tudo é escrito antes, já que Deus detém o poder ao mesmo tempo de criar e de contar a história dos homens. É o que faz a Bíblia. Se não nos colocamos neste universo, não vejo outras formas de explicação. Esta convicção não autoriza o historiador a pensar que seja fácil pôr em prática o que vem do pensamento de Marx, nem tampouco nega que inúmeras superficialidades foram ditas a partir de Marx, começando com cada um de nós, por mim mesma em primeiro lugar, imagino. Isto posto, insisto em dizer que realmente não vejo outras formas de pensar, munidas de um poder explicativo capaz de mostrar o que foram os séculos XIX e XX e, consequentemente, capazes de sensibilizar-nos e fazer-nos aderir. (1992)

Algumas obras de Madeleine Rebérioux

La Deuxième Internationale et l'Orient. (Com a colaboração de Georges Haupt). Paris: Cujas, 1967.

La République radicale? 1898-1914. Paris: Seuil, 1975.

Les idées de Proudhon en politique étrangère. Paris: Maspéro, 1976.

Jean Jaurès: la classe ouvrière. (Textos organizados e apresentados por M. Rebérioux). Paris: Maspéro, 1976.

Les ouvriers du livre et leur fédération: un centenaire: 1881-1981. (Com a colaboração de Frédérique Barre, Joelle Dccot, Jean-François, Michel Jean-Louis Robert). Paris: Temps Actuels, 1981.

The Third Republic from its Origin to the Great War: 1871-1914. (Em colaboração com Jean-Marie Mayeur). Paris: Maison des Sciences de l'Homme, 1984.

Lectures et Lecteurs du XIXème siècle. (Org.) Paris: Bibliothèque des Amis de l'Instruction, 1985.

Jaurès: la parole et l'acte. Paris: Gallimard, 1994.

Fourmies et les 1er Mai. (Actes du Colloque de Fourmies, 1-4 mai 1991. (Org.) Paris. Ouvrières, 1994.

Jaurès et les intellectuels. (Actes du Colloque de Paris: 8-9 janvier 1988. (Org.) Paris: l'Atelier, 1994.

SOBRE O LIVRO

Coleção: Prismas
Formato: 14 x 21 cm
Mancha: 24 x 42.5 paicas
Tipologia: Times 11/13
Papel: Offset 75 g/m² (miolo)
Cartão Supremo 250 g/m² (capa)
1ª edição: 1998
3ª reimpressão: 2011

EQUIPE DE REALIZAÇÃO

Produção Gráfica
Edson Francisco dos Santos (Assistente)

Edição de Texto
Fábio Gonçalves (Assistente Editorial)
Carlos Wagner F. dos Santos (Preparação de Original)
Helder Garmes e Carlos Villarruel (Revisão)
Kalima Editores (Atualização ortográfica)

Editoração Eletrônica
Páginas e Letras - Editora e Gráfica Ltda.